Dr. Verena Breitenbach / Stefan Esser

SPÜRE DEINE URKRAFT!

Dr. Verena Breitenbach / Stefan Esser

SPÜRE DEINE URKRAFT!

Die Intuitionsmethode

Mit Übungs-CD

Haben Sie Fragen an Stefan Esser?
Anregungen zum Buch?
Erfahrungen, die Sie mit anderen teilen möchten?
Nutzen Sie unser Diskussionsforum:
www.mankau-verlag.de

mankau

Bibliografische Information der Deutschen Nationalbibliothek

Die Deutsche Nationalbibliothek verzeichnet diese Publikation in der Deutschen National-
bibliografie; detaillierte bibliografische Daten sind im Internet über http://dnb.d-nb.de abrufbar.

Dr. Verena Breitenbach / Stefan Esser

SPÜRE DEINE URKRAFT!

Die Intuitionsmethode

ISBN 978-3-938396-29-2
1. Auflage 2009

Mankau Verlag
Postfach 13 22, D-82413 Murnau a. Staffelsee
Im Netz: www.mankau-verlag.de
Diskussionsforum: www.mankau-verlag.de/forum.php

Lektorat: Georg Patzer, Karlsruhe
Endkorrektorat: Dr. Thomas Wolf, MetaLexis
Gestaltung Umschlag: HildenDesign, München
Gestaltung Innenteil: Heike Brückner, Grafikstudio, Regensburg

Inhalt

TEIL III:
Das Intuitions-Training   155

PROLOG

Eiskalt ist es hier, irgendwo im Nirgendwo des Universums, dann wieder so unvorstellbar heiß, wenn da oder dort, vielleicht ein paar hundert oder auch Millionen Lichtjahre voneinander entfernt, Sterne explodieren oder ultraheiße Quasare strahlen. Dazwischen ein Dunkel wie ein absolutes Nichts, in Wahrheit aber voll von kosmischem Leben: Unvorstellbare Massen dunkler Materie marodieren durch den Kosmos und schleudern gigantische Mengen von Strahlen und verdichteter Materie von sich, die dann zum alles Licht verschluckenden Schwarzen Loch wird, bei dem ein nur faustgroßer Brocken zwanzigmal schwerer als ein ganzer Planet ist.

Über unendliche Lichtjahre wandern in diesem Universum gigantische Galaxien, wabern durch einen endlosen Raum, der kein Ende zu haben, immer weiter auseinanderzufliehen scheint, wohin auch immer; auseinandergezogen von unsichtbaren Energien, für die auch die kühnsten Vorstellungen vom Gigantischen, Urgewaltigen nicht ausreichen.

Ganz hinten, irgendwo in der relativ kleinen Galaxie Milchstraße, prallvoll mit Materie, Energie und rotierenden Sternensystemen, sitzen auf einem sandkörnchenkleinen, blauen Planeten namens Erde ein paar winzige, sehr anfällige Wesen, Menschen genannt, und bemühen sich seit dem mikrokleinen Zeitabschnitt ihrer bisherigen Existenz, ein wenig von diesem unbeschreiblichen großen Ganzen zu erfassen, zu verstehen. Sie machen viel falsch dabei, wenn sie Wege suchen, gut zu leben und ihre Erde, das Universum und sich selbst zu verstehen, und wenn sie einmal das Eine ganz verstehen würden, hätten sie auch das Andere verstanden.

Nun haben sie sich beim Blick in den Kosmos ein neues Fensterchen geöffnet, seit sie neuere Teleskope gebaut und astrophysikalische Techniken entwickelt haben, mit denen sie ein kleines bisschen weiter ins All sehen können. Und doch sehen sie nicht mehr als einen Tropfen in einem Ozean voller Wunder. Gammastrahlen, Röntgenstrahlen, Infrarotstrahlung und einige mehr sind Energien, die sie bislang unter den unzähligen ausmachen konnten. Über unendlich viele Schwarze Löcher und eine urgewaltige dunkle Strahlung debattieren sie noch, alles Weitere wissen sie nicht.

Die Lichtgeschwindigkeit, 300.000 Kilometer pro Sekunde, ist die Maßeinheit, die sie als Hilfsmittel kennen, um den Kosmos ansatzweise zu erfassen. So wurde es ihnen möglich zu erfahren, dass ein Sonnenstrahl von ihrem kleinen glühenden Heimatstern namens Sonne, 100-mal so groß wie die Erde und 150 Millionen Kilometer von ihr entfernt, acht Minuten zu ihnen braucht, um ihre blaue Kugel am Leben zu erhalten. Eine Entfernung wie ein winziger Schritt im Universum. Für die wirklich großen Distanzen haben sie auch mit der Messung in Lichtjahren kein taugliches Instrument mehr. Sie werden es mit Messungen und Beweisen allein ohnehin nie schaffen. Sie werden nur begreifen können, wenn sie ihr Denken ändern.

Leider geraten sie aber immer wieder schnell an ihre Grenzen, egal, ob sie über das Weltall oder ihr Zusammenleben auf der Erde nachdenken, und fangen in ihren kleinen Dimensionen an, alles Große, das sie nicht verstehen, in immer kleinere, verdaubare Häppchen aufzuteilen, die sie akribisch analysieren und voneinander abgrenzen. Was ihnen dann nichts mehr nützt, weil sie das Zusammenhängende, noch bevor sie es verstanden haben, in sinnlose Einzelteile zerschlagen haben. Auf die bisher nicht so zahlreichen Mitbewohner ihrer Erde, die ahnen, dass nicht das Auseinanderdividieren, sondern das Zusammenspiel und Nutzen aller sichtbaren und unsichtbaren Elemente für sie gut wäre, hören sie selten.

Sie hatten einen Mitbewohner namens Johann Wolfgang von

Goethe, der vor dem Bruchteil einer kosmischen Sekunde unter ihnen lebte und in einem Buch, das „Faust" heißt, einen Mephisto sagen lässt: „Wer will etwas Lebendiges erkennen und beschreiben, Sucht erst den Geist herauszutreiben, Dann hat er die Teile in seiner Hand, Fehlt leider! nur das geistige Band."

Das geistige Band. Die Menschen brauchen es, wenn sie sich weiterentwickeln wollen und wenn jeder von ihnen mehr Glück erleben will. Sie müssen die Zugänge finden zu dem geistigen Band, es ist an der Zeit. Sie haben Botschaften erhalten, die sie daran erinnern, dass es große Kräfte, viele Energien gibt, die sie nutzen können, um mehr vom Sein zu begreifen, das Leben mit Ziel und Sinn und damit automatisch friedlich und erfolgreich zu leben.

Die Menschen haben in jüngster Zeit über eines ihrer Lieblingsspielzeuge wieder einmal Hinweise bekommen, dass sie sich mehr um dieses geistige Band bemühen sollten. Hubble, ihr Teleskop im All, durfte Bilder eines Galaxienzusammenstoßes aufnehmen, der vor vierhundert Millionen Jahren geschah, und dann sogar Bilder von Galaxien in ihrer Entstehungsphase, vor dreizehn Milliarden Jahren, kurz nach dem Urknall.

Noch können die Menschen nicht verstehen, dass eine Billionen Kilometer große und dreizehn Milliarden Jahre alte Galaxie längst nicht mehr existiert, aber jetzt ein Foto ihrer Entstehung in der Anfangsphase des Universums empfangen werden konnte. Was dann noch Raum und Zeit und eine Armbanduhr für eine Bedeutung haben, fragen sich manche unter ihnen.

Dabei sollen sie nur erkennen, dass es viele für sie bisher unvorstellbare Energieformen gibt, und begreifen, dass unter ihnen Urkräfte sind, mit denen sie auf ihrem kleinen blauen Planeten viel mehr erreichen können – wenn sie nur wollen. Vielleicht kommen die Menschen weiter, wenn sie lernen, sich mit diesen Urkräften zu verbünden. Es ist nicht schwer, es ist ebenso leicht, wie es für den gewaltigsten Stern oder Planeten ist, sich trotz seiner Masse schwebend auf seiner Bahn zu bewegen.

Es funktioniert über die Offenheit für das richtige Zusammenspiel von Kräften.

TEIL I:

Wer die Urkraft begreift, kann sie optimal nutzen

Annäherung an die Urkraft ...

„Also, vernünftig wäre es ja gewesen, an Ostern zu Hause zu bleiben, aber irgendwie sagte mir mein Bauch, fahr weg, buch Last-Minute auf irgendeine griechische Insel ... ja, und das war gut so." Ob auf Partys, an Stammtischen oder in geschäftlichen Meetings, man trifft immer mehr solcher Bauchredner, Menschen, die sagen, sie halten viel von Intuition, und die hinhören, wenn ihr Bauch mal wieder zu ihnen spricht. Die Intuition ist ein mittlerweile gern in die Menge geworfenes Aperçu bei gesellschaftlichen Gesprächen, wenn es darum geht, sich selbst facettenreich darzustellen: „Also echt, ich halte Intuition auch für sehr wichtig."

Aber sicher doch, Intuition ist wichtig. Und angesagt: Im Privatleben ist sie in unserer Gesellschaft schon länger salonfähig, niemand wird mehr als Anhänger durchgeknallter spiritueller Theorien und Praktiken angesehen, wenn er kundtut, er würde seinem Bauchgefühl vertrauen. Auch im Business-Bereich, in Managementseminaren, hat das Thema Intuition sich längst breitgemacht.

Nur – reicht es aus zu sagen, Intuition ist gut, ich fühle sie ja auch dann und wann? Wäre es nicht gut, diese Urkraft mit ihren Eigenarten und Gesetzmäßigkeiten etwas näher anzuschauen, um sie gezielter nutzen zu können?

In diesem Buch spielt das Wort Ganzheit eine große Rolle. Viele Betrachtungen und Überlegungen zur Intuition leiden grundsätzlich an dem Ansatz, man müsse die Intuition unbedingt einem einzigen Bereich des menschlichen Körpers zuordnen und auch noch dem Verstand unterordnen, sie also am besten als eine Art Unterabteilung im Gehirn ansiedeln. Das wird ebenso schiefgehen wie alle bisherigen Versuche, mit dem Skalpell irgendwo im Körper die Seele zu entdecken. Sie kommen mit dem Thema Intuition von Anfang an viel besser zurecht, wenn Sie auch Dinge für möglich halten, die sich unsere Schulweisheit und Naturwissenschaft noch lange nicht träumen lässt und schon gar nicht beweisen kann. Reißen Sie als erste Tat für mehr Intuition Grenzen ein; lassen Sie sich nicht von kleinkarierten Dogmen verunsichern, die ohnehin wieder bald obsolet werden – und Sie werden über Intuition Erfahrungen machen, die Ihrem Leben in jedem Bereich neue Dimensionen öffnen.

Und gleich zu Anfang: Vorsicht mit einer „modischen" Intuition. Man muss hellwach bleiben, wenn sich unsere Gesellschaft in ihren bräsig-breiten Mittelgang etwas gar zu bereitwillig einverleibt. Denn dann fehlt es meist an Tiefgang, den man durchaus braucht, wenn man Wesentliches essenziell begreifen und im Leben davon profitieren möchte. Man geht dann meist nicht beherzt und klar an ein Thema heran, verleiht ihm lieber ganz schnell ein Etikett, ohne zu verstehen, was dahintersteht. So wird Intuition derzeit entweder als Lightversion wellnessgerecht serviert oder wissenschaftlich bis zur Unkenntlichkeit filetiert. Beides bringt wenig.

Eine seltsame Spielart ist dabei die Mär von der männlichen und der weiblichen Intuition. Männer haben zwar auch längst erkannt (kluge Philosophen ohnehin schon vor zweitausend Jahren...) wie wichtig und wirksam Intuition ist, aber sie pflegen aus gutem Grund eine männliche Variante des Themas: Bei Männern findet man das Thema Intuition vorwiegend im Arbeitsbereich, gerne im Management: Intuition wird von Männern inzwischen als ein Arbeitstool hoch gelobt. Das hat rein gesellschaftliche Gründe: Nur das gibt ihnen die Lizenz, sich ohne Gesichtsverlust mit dem Thema überhaupt zu beschäftigen. Nur so kommen sie nicht in den Verdacht, sich mit „weichen" spirituellen Themen zu beschäftigen.

Der Hintergrund ist, dass Intuition besonders für Männer tatsächlich nicht immer gesellschaftlich hoffähig war. Seit dem ausgehenden Mittelalter wird vor allem in der Männerwelt das rationale

Entscheiden als das Maß der Dinge gesehen. Der Psychologe Gerd Gigerenzer, am Max-Planck-Institut für Bildungsforschung in Berlin seit Jahrzehnten der Intuition auf der Spur, sagt dazu: „Intuition wird meist mit weiblichem Denken zusammengebracht. Oder mit einem sechsten Sinn. Und daher eigentlich als ‚verdächtig' abgetan. In Wirklichkeit ist Intuition eine Form von Intelligenz. Eine unbewusste Intelligenz, die sowohl Männer als auch Frauen besitzen." Gut, dass Gigerenzer Intuition zu den Formen der Intelligenz zählt, weil sie damit auch wissenschaftlich als etwas Nützliches und Existentes zertifiziert ist. Früher unterstellte man Frauen sogar, die angebliche frauliche Intuition, das sei doch nur eine überdrehte Einbildung.

Im jahrtausendelangen Machtkampf zwischen Männern und Frauen gab es ohnehin seltsame Vorstellungen, die Männer über Frauen generierten, nur weil sie aus ihren Ängsten heraus Frauen unterdrücken, ausgrenzen mussten – was eine Weiterentwicklung der Menschheit ziemlich blockierte. Die irrwitzigste Geschichte war dabei wohl die Vorstellung, dass nur Frauen hysterisch werden können – und dies natürlich dann, wenn der Mann nicht genügend Macht über sie ausübt. Dies hatte sogar einen massiven sexuellen Hintergrund: „Hystera" war das griechische Wort für Gebärmutter, und die alten Griechen, offenbar sogar Geistesgrößen wie Hippokrates und Plato, behaupteten, eine Gebärmutter, die zu wenig mit Sperma „gefüttert" werde, würde allmählich durch den Körper bis ins Gehirn wandern, dieses beißen und Hysterie verursachen. Klingt nach vorsintflutlicher Naturwissenschaft, hielt sich aber jahrhundertelang als eine Tatsache...

Auch dies ein – ziemlich übles – Beispiel dafür, dass man öfter darüber nachdenken sollte, was hinter einem trennenden, sezierenden und nur Details anschauenden Denken steckt, und dass man es vielleicht doch öfter mit einem ganzheitlichen Denken versuchen sollte. Man sollte also an das Thema Intuition nicht herangehen mit

einer Aufteilung in eine „typisch" weibliche, vielleicht allzu gefühl-
lige, vielleicht gar sentimentale Form der Intuition und eine streng
männliche Intuition, die, um der „typisch" männlichen Verpflichtung zur Ratio gerecht zu werden, ständig mit dem Wort „Intelligenz" verbunden wird. Das wäre kontraproduktiv, weil es von vorn-
herein kleinkrämerischen Schutt in jene Kanäle schütten würde,
die wir ja gerade als Zugänge zur großen Urkraft Intuition freilegen
wollen. Mit sinnleeren Normen und ausgrenzenden Machtkämpfen
kommen wir in keinem Bereich weiter. Unsere menschliche Entwicklung hinkt deshalb seit langem der technischen Entwicklung
hinterher. Aus diesem Grund wird hervorragende Technik für stein-
zeitliche Zwecke wie etwa das Führen von Kriegen genutzt. Wenn
wir hier nicht umdenken und umfühlen, werden wir einst in einer
technisch gigantischen, perfekten Dämlichkeit verkümmern.

Den größten Nutzen aus der Intuitions-Methode werden Sie also
ziehen, wenn Sie völlig offen, ohne Vorurteile, an das Thema herangehen. Die Intuition selbst hat nämlich auch keine wertenden
Normen und bevorzugt auch nicht diesen oder jenen Menschen –
sie gibt uns die Chance, über die Optimierung des kleinen Intui-
tionszugangsprogramms, das in jedem von uns steckt, aktiver auf
sie zuzukommen. Sie selbst drängt sich uns nicht auf, bietet sich
höchstens mal schemenhaft an, um daran zu erinnern, dass es sie
gibt – so, wie sich unsere Natur mit den Jahreszeiten immer wieder
neu anbietet und es an uns liegt, ob wir mit ihr richtig umgehen,
gut auf sie eingestellt sind und sie dann auch respektieren, genießen
und nutzen. Wie in der gesamten sichtbaren und unsichtbaren Natur müssen wir der Intuition gegenüber unsere Türen weit öffnen,
müssen zeigen, dass wir sie verstehen. Die Intuition ist ganz demo-
kratisch für alle da, für alle erreichbar. Sie ist nicht typisch weiblich,
nicht typisch männlich, verlangt keine Diplome oder anderen hierarchischen Schnickschnack, lässt sich weder von der Esoterik noch
vom Management vereinnahmen – denn sie ist eine ursprüngliche,

große Kraft in einer vernetzten Ganzheit, die weit über unserem einzelnen persönlichen Verstand steht.

Andersherum gesehen kann jedoch jeder diese Urkraft nutzen, indem man sie nicht nur ab und zu vorbeihuschen sieht, sondern lernt, sich auf sie einzustellen, sie besser wahrzunehmen und ihre Bedeutung zu verstehen.

Urkraft Intuition: Kraft entsteht immer über ein sinnvolles Zusammenspiel von verschiedenen Elementen. In eine nachhaltige Harmonie mit der Intuition kommen wir nur, wenn wir unsere Einbettung in die Welt ebenso sehen.

- Intuition kann grundsätzlich von jedem Menschen genutzt werden, denn sie ist eine über unserem Verstand und unserer Individualität und unseren hierarchischen Strukturen stehende Urkraft.

- Berührungspunkte zwischen uns Individuen und der großen Urkraft Intuition gibt es „zufällig" immer wieder – das ist aber nur die „passive Version".

- Wenn wir es bei zufälligen Begegnungen mit der Intuition belassen, verschenken wir riesige Chancen – wir müssen aktiv auf sie zugehen.

- Das geht grundsätzlich nur, wenn wir normenhaftes, detailversessenes, ausgrenzendes Denken ebenso wie oberflächliches Denken ablegen.

- Stattdessen sollten wir Wert und Nutzen eines sinnvollen Zusammenspiels der Elemente erkennen.

... und ihren gesellschaftlichen Standort

Sie haben sich also eine ganzheitliche, vorurteilsfreie Sicht auf die Intuition vorgenommen? Dann sollten wir zum besseren Start die bisherige Stellung der Intuition in unserem Lebensumfeld etwas genauer ansehen.

In esoterischen Kreisen der härteren Gangart, in denen unter der persönlichen Erleuchtung im hiesigen Leben nichts geht, ist Intuition früher ein fast zu sachlicher Begriff gewesen. Aber mittlerweile fand das Thema, das eigentlich nicht so recht gurukompatibel ist, weil Intuition ein selbstständiges und vor allem ideologiefreies „System" ist, auch in diesen Kreisen Verbreitung. Ohnehin verschwimmt hier manches: Seit Ende des vergangenen Jahrtausends die ausgeprägte New-Age-Welle abgeebbt ist, seit etwa der größte deutsche Esoterik-Papst Thorwald Dethlefsen keine Vorträge mehr vor 500 Leuten hielt, sondern sich in seine abgeschottete Kawanna-Sekte als eine Art neuer Aleister Crowley zurückzog (und diese „Kirche des neuen Äons" nun auch wieder dicht machte), seitdem gibt es glücklicherweise nicht mehr ganz so viele Menschen, die für irgendwelche Erleuchtungsverprechen bereitwillig ihre Selbstbestimmung aufgeben. Es ist, bis auf gewisse Nischen, im spirituellen Bereich ein wenig sachlicher geworden. Einen Einfluss darauf hatte auch sicher der Trend „Esoterik goes Mainstream": Es gab viele fließende Grenzüberschreitungen, die Ayurveda-Gesichtscreme im Supermarkt und in jedem Tiroler Berghotel eine Wellness-Abteilung mit Qi Gong, Fünf-Elemente-Ernährung und mystischen Massagen und Bädern aller Art. Man ist offener geworden, vieles wurde dabei oberflächlicher, anderes auch besser, weil man sich nicht mehr so sehr von Gurus abhängig machte, sondern sich seine Methoden, Massagen und Mantras selbst auswählte. Da wurde auch die gurufreie Zone Intuition interessanter.

Das birgt auch Gefahren. Eine marketingmäßig weichgespülte Intuition für das Wellnesscenter wird nicht viel Sinn haben. Gerade die Wellnesswelle zeigt, wie man viel machen kann, ohne dass es etwas bringt – außer dem Centerbetreiber selbst. Aber die reichlich infantilisierte Gesellschaft, in der wir seit einiger Zeit angelangt sind, verlangt nach schneller Triebbefriedigung ohne eigene Verantwortung und Kraftaufwendung. Das hat zur Folge, dass man sich selbst und die Gesellschaft als Ganzes nicht wirklich weiterentwickeln kann. Der seit Jahren anhaltende Wellnessboom ist ein gutes Beispiel dafür: Bluthochdruck ist mehr denn je die Volkskrankheit Nummer eins, Herz-Kreislauf-Probleme der Auslöser für die meisten Todesfälle, Wellness hat also trotz des großen Booms wenig gebracht.

Kein Wunder, denn sie hat auch herzlich wenig mit Gesundheit zu tun. Wellness wird gegen gutes Geld vor allem als Statussymbol angeboten, bezeichnenderweise in Hotels. Ein bisschen Nagelpflege und Gesichtsmassage hier, ein Shirodara-Öl-Aufguss auf die Stirn und ein Fruchtsaft-Drink dort sind nicht gerade der Quantensprung in Sachen körperlicher und seelischer Gesundheit. Wer weniger Geld hat, kann auf ebenso verspielte Weise den wirklichen Anforderungen an ein gesundheitsbewusstes Leben ausweichen, kauft sich etwa via Teleshopping einen Bauchtrainer, der schon nach einer Woche beruhigend unsichtbar und doch beruhigend vorhanden hinter dem Schrank verstaubt, kauft sich fürs gute Gewissen vielleicht einen Chemiecocktail namens Vitamin-Brausetabletten im Supermarkt.

Das klingt bissig, aber es geht schließlich um einen Knackpunkt: Wer mehr Glück und Erfolg haben will, muss seinen Obolus dazu leisten. Von nichts kommt nichts, sagt der Volksmund hier ganz richtig, und man wird auch bald begreifen, dass ein bisschen relaxte Wellness und ein kalorienarmer Joghurt unsere Adern und Venen nicht vor gefährlichen Ablagerungen schützen wird – man muss selbst aktiv werden und kontinuierlich mit ernsthaftem Sport, mit Anstrengung und viel Schweiß seiner Gesundheit immer wieder neu zeigen, dass man sie wirklich erhalten will. So verhält es sich mit allen Zielen.

Der Hang zum unverbindlichen Spielen, zum Naschen ohne Selbstverantwortung, ohne Anstrengung, ohne eigenen Einsatz, ist in vielen Bereichen zu beobachten – und nur wenige scheinen zu merken, dass in der Vermeidung wirklich authentischen Handelns einer der Hauptgründe für das seelische und auch körperliche Unwohlsein vieler Menschen liegt. Auch die Intuition wird von vielen bereits in der großen Spielesammlung abgelegt – nur wird sie dort wenig bringen. Intuition ernsthaft einzuüben ist zwar nicht schwer, aber ein bisschen Aktivität erfordert es schon. Was allerdings überhaupt nichts ausmacht, wenn man sich den möglichen Gewinn an Lebensqualität und Lebenslust vor Augen führt.

Dieses Buch heißt im Untertitel nicht nur deshalb „Die Intuitionsmethode", weil eine solche aufgebaut wird, sondern auch, um grundsätzlich zu verdeutlichen, dass ein Minimum an strukturierter Eigenaktivität einfach unumgänglich ist. Was man nicht selbst erarbeitet, selbst verinnerlicht hat, ist nicht authentisch, ist ein Fake, ein Selbstbetrug, der nicht glücklich macht. Das spürt schon jeder Schüler, der seine Zwei in Mathe nur der Tatsache verdankt, dass er in Tests geschickt abgeschrieben hat.

Darum sollte man auch mit jeder Lightversion der Intuition vorsichtig sein. Keine Frage, jeder spürt ab und an intuitive Eingebungen. Aber es ist eben nur ein bisschen Intuition. Ganz hilfreich, wenn sie in einigen Situationen passend aufblitzt, aber nicht wirklich geeignet, das Panorama der Möglichkeiten im Leben dermaßen zu weiten, wie es möglich ist, wenn man methodisch an das Thema herangeht. Um diese Möglichkeiten zu verstehen, müssen wir auch über Struktur und Wesen der Intuition sprechen. So viel aber schon hier: Die Intuition, das haben auch Wissenschaftler mittlerweile erkannt, drängt sich uns nicht auf. Wir können sie ab und zu eher zufällig und dann meist nur schemenhaft erkennen. Es ist mit ihr wie mit einem berauschenden Berggipfel: Er kommt nicht zu uns, und wenn wir ihn nur aus der Ferne oder auf Bildern sehen, ist das eben nicht die „volle Packung". Wir müssen uns ihm nähern, hochsteigen, um mit allen Sinnen zu genießen, was er zu bieten hat. Wir müssen dazu vielleicht auch etwas schwitzen, kämpfen – und können oben sagen: Ich hab's geschafft, ich selbst, und ich werde nun mit einem fantastischen Weitblick und einem tollen Lebensgefühl belohnt.

Beides bekommen Sie im übertragenen Sinne über die Intuition auch, wenn Sie sich ihr aktiv nähern.

Mit erstaunlich viel Offenheit und Ernsthaftigkeit nähern sich mittlerweile auch die klassisch kopfgesteuerten Manager der Intuition. Souveräne Unternehmensführer bekannten zwar schon vor Jahrzehnten gerne, dass bei wichtigen Entscheidungen der letzte Tick nicht aus ihrem rationalen Harvard-Universitätsfundus stammte, sondern aus dem Bauch, der Intuition. Mittlerweile durchzieht das Thema auch sehr nüchterne Management-Meetings und -Veröffentlichungen. Im Jahr 2005 veröffentliche beispielsweise der BDI (Bundesverband der Deutschen Industrie) zusammen mit der Fraunhofer Gesellschaft und dem DMA (Verband Deutscher Maschinen- und Anlagenbau) das Konzept „Intelligenter produzieren – 32 Thesen zur Forschung für die Zukunft der industriellen Produktion", bei dem es um Produktionsforschung und intelligente Produktion mit Blick auf den Standort Deutschland ging. Darin driftete man natürlich nicht ab in übersinnliche Theorien, interessant war hier etwas ganz anderes: dass man die Intuition ganz sachlich als einen selbstverständlichen Teil des Produktionsprozesses betrachtete. Unter dem Kapitel „Innovationsprozesse müssen systematisiert werden" wurde ganz trocken festgestellt: „Offenbar beruhen heute viele wesentliche

Innovationen auf der Intuition einiger weniger", oft würden aber Ideen verworfen oder zurückgestellt, „weil die Zeit noch nicht reif ist oder die Randbedingungen noch nicht gegeben sind". Darum müsse man, „statt allein auf Intuition zu vertrauen, die Ideenfindung stärker diskursiv gestalten".

Auch das Mittelstandsportal „Perspektive Mittelstand" hat Intuition längst als Bestandteil der Businesswelt adaptiert. Im Herbst 2008 wurde im Forum „Wissen und Praxis" ein Aufsatz mit dem Titel „Grenzen der Intuition: Warum das eigene Bauchgefühl bisweilen täuscht" veröffentlicht. Man setzte sich ernsthaft mit dem Thema auseinander, betonte, der Verstand wie auch die Intuition hätten ihre Grenzen, und brachte bei der Intuition das Beispiel eines Bewerbungsgesprächs, in dem man den Bewerber trotz guter Zeugnisse intuitiv ablehnte, weil er, wie sich danach herausstellte, jemandem ähnlich sah, mit dem man früher großen Ärger hatte. Starke Emotionen könnten einem vorgaukeln, eine Intuition zu sein. Auch in Entscheidungsfällen, bei denen man die Rahmenbedingungen sehr genau kenne und nur wenige Einflussgrößen vorhanden seien, würde Intuition nicht viel bringen.

Der Ratschlag der Mittelständler für den Business-Bereich: Intuitionen sofort erfassen, dann Fakten auflisten, sich selbst Fragen stellen in Bezug auf die intuitiven Eindrücke, dies alles mit emotionalen und logischen Werten abgleichen, dann die Entscheidung fällen.

Die beiden Beispiele aus dem Businessbereich stehen für viele andere, die zeigen: Der Faktor Intuition ist im Wirtschaftsleben längst eine ernst zu nehmende Größe geworden.

Ab und zu gerät uns allen beim Versuch, die Intuition strukturell zu erfassen und in Systeme einzufügen, allerdings noch manches durcheinander. Reaktionen auf Grund normativer Prägungen werden in Managementseminaren manchmal für Intuition gehalten, Emotion und Intuition vermischt – es ist ja auch nicht einfach, vor allem, weil wir davon ausgehen müssen, dass die Intuition überall zuhause ist, sich überall Informationen einholt und sie in Korrelation bringt. Das macht Intuition so wertvoll, aber auch schwierig, sie per Filzstift mit Pfeilen und Kästchen auf einem Flipchart darzustellen.

Auch die Wissenschaft forscht schon lange an der Intuition herum. Hirnforscher und andere Disziplinen führten viele Tests durch, bei denen es meist etwas banal darum ging, dass Probanden sich für irgendetwas spontan entscheiden sollten, ohne sich die Zeit für ein abwägendes Nachdenken zu nehmen – dann wiederum sollte als Vergleich dasselbe auch rational entschieden werden. Fast immer kam heraus, dass die spontanen Entscheidungen die richtigeren waren. Seither sagen auch Wissenschaftler, dass es erstens die Intuition tatsächlich gibt und sie zweitens nützlich sein kann. Die Veröffentlichungen, Meetings und Tagungen zum Thema mehren sich. 2004 wurde etwa auf einer Tagung am Psychologischen Institut im Internationalen Wissenschaftsforum der Universität Heidelberg über die Rolle der Intuition bei Urteilen und Entscheidungen von immerhin siebzehn Wissenschaftlern aus Europa, den USA und Neuseeland diskutiert.

Interessant war auch ein Kongress „Intuition in Judgment and Decision Making", der zu den seit 1999 veranstalteten „Heidelberg Meetings" mit dem Generalthema menschliches Urteilen und Entscheiden gehörte: Hier redete man selbstverständlich erst mal darüber, was Intuition eigentlich ist – und das wird bei jeder Veranstaltung noch lange so bleiben, denn Intuition ist schließlich noch keine eigene wissenschaftliche oder sonstige fachliche Disziplin. Man zeichnete auf dem Kongress das Bild von zwei Systemen, einem intuitiven und einem reflektiven, die Informationen für Entscheidungen unterschiedlich verarbeiten würden.

Wie fast immer erbrachten danach die wissenschaftlichen Beispiele aus Studien das übliche Spiel: Man nehme Probanden, lasse sie etwas entscheiden, erst über eine reifliche Überlegung und das andere Mal über eine spontane, also intuitive Reaktion, und schaue dann, welche Entscheidung besser war. In diesem Fall referierten die neuseeländischen Forscher Steve Catty und Jamin Halberstadt einen Versuch, bei dem Probanden einschätzen sollten, wie bekannt ein bestimmtes Lied ist. Das Ergebnis war, dass die Trefferquote bei rasch abgegebenen Antworten viel höher war als bei Antworten, denen ein abwägendes Nachdenken vorausgegangen war. Referiert wurde von einem weiteren Forscher, dass auch im Sport intuitive Entscheidungen nützlicher waren. In einem anderen Versuch hatte der holländische Forscher Ab Dijsterhuis Probanden ein Entscheidungsthema gegeben und sie dann gebeten, nun als eine Art Ablenkung an etwas ganz anderes zu denken, und dann unvermittelt die Entscheidung abgefragt. Diese Entscheidungen waren treffender als die von Probanden, die vor ihrer Entscheidung ausführlich hatten nachdenken können.

Alles erstaunlich schlichte Annäherungen an das Thema, aber immerhin: Es ist gut, wenn man Dinge, die mit unseren gängigen fünf Sinnen nicht recht erfassbar sind, nicht mehr in Bausch und Bogen als Unsinn darstellt. Nur sind leider beim Thema Intuition die Erkenntnisse etwas dürftig. Immerhin kommen Universitäten stets zum Ergebnis, dass die intuitive Entscheidung die bessere ist.

Ansonsten schwurbelt das Thema Bauchgefühl sehr oft im See der Allgemeinplätzchen herum. Weder Partygeplänkel noch die wissenschaftliche Untersuchung irgendwelcher Synapsenschaltungen im Gehirn bei vermuteter Intuitionsausschüttung haben bislang dazu geführt, dass man die Intuition exakter als nur als nützliches Bauchgefühl oder eine „besondere Form der Intelligenz" beschreiben konnte. Man stellt fest, dass es die Intuition gibt, man erkennt, dass Entscheidungen über sie oft richtig sind, man weiß auch, dass sich beim Auftreten des Bauchgefühls irgendetwas im Gehirn und möglicherweise sonst noch irgendwo abspielt – aber was nützt das dem, der seine Intuition ganz einfach gezielter nutzen will?

Wissenschaftler tun sich ohnehin verständlicherweise schwer, sich mit nicht leicht Beweisbarem zu beschäftigen, weil es ihr seriöses Image beschädigen könnte. Eine wissenschaftliche Beweisführung verlangt als Minimum danach, dass ein Versuch beliebig oft wiederholt werden kann und immer zu exakt demselben Ergebnis führt – Intuition ist jedoch bislang in diesem Sinne laboruntauglich, schon alleine deshalb, weil sie niemand entsprechend „im Griff" hat. So ist nach jahrzehntelangen Forschungen der wissenschaftliche Stand in Sachen Intuition der, dass der Berg mächtig kreißt und ein paar Mäuslein zur Welt kamen. Aber am immateriellen Wesen Intuition, an dem man nicht so einfach herumschnippeln und mikroskopieren kann wie bei einer Leber oder Niere, ja, für die es nicht einmal Messgeräte gibt wie für Hirnströme, UKW-Wellen oder Röntgenstrahlen, beißen sich Forscher die Zähne nicht nur wegen persönlicher Reputationsprobleme aus, sondern auch weil gerade beim Thema Intuition – wie wir noch sehen werden – der klassische Satz gilt: Das Ganze ist mehr als die Summe seiner Teile.

Eine erfreulich prägnante Stellung nimmt Intuition schon immer bei allen sogenannten Kreativberufen ein. Hier hat man einfach von jeher gespürt, dass kreatives Neues nicht aus reiner Logik geboren werden kann. Aber auch Kreative wissen, dass selbst die schönsten intuitiven Inspirationen geerdet werden müssen, dass ihre Umsetzung harte Arbeit bedeuten kann.

Seit 1962 rangiert der Film „Citizen Kane" von Orson Welles (Regisseur, Produzent, Hauptdarsteller) durchgehend auf Platz eins in einer renommierten Rangliste der besten Filme der Welt. Er wäre 1941 niemals entstanden, hätte Welles nicht an seine Idee zu diesem monumentalen Werk geglaubt, das deutliche Parallelen zum dama-

ligen Medienmogul William Randolph Hearst aufwies – niemand
wollte anfangs in diesen Film investieren, und zudem versuchte
Hearst auf allen Ebenen, den ihm nicht eben schmeichelnden Strei-
fen zu verhindern. Aber Welles glaubte an seine Idee und setzte sie
auch im finanziellen Bereich in oft beinharter Überzeugungsarbeit
durch. Er wusste: Eine sehr gute Idee, die nicht umgesetzt wird,
wäre weniger wert als eine nicht ganz so gute Idee, die realisiert
wird. Theodore Levitt, Harvard Business School, sagte: „Kreativität
ist, über Neues zu denken. Innovation ist, Neues zu tun."

Kreativität und Ideen laufen über dieselben Kanäle wie das, was
wir unter Intuition verstehen. Jedem Filmer, Maler oder sonstigem
Künstler kommen Ideen nicht über analytisches Denken gemäß
der geraden Linie von Punkt A nach Punkt B, sondern meist über
„Gedankenquerschläger", über geradezu blitzartige Eingebungen.
Der weltbekannte Stararchitekt Liebeskind sagte über die Idee kurz,
knapp und treffend: „It's something that hits you" – es ist etwas, das
dich trifft, „wie ein Meteor, der auf deinen Kopf fällt". Die Welt ist
voll von Schöpfungen und Erfindungen, deren erster Schritt auf so
überraschende und für uns nicht logisch erklärbare Weise entstand.

Ein zentrales Element bei der Intuition ist aber nicht der intuitive Blitz selbst, der einem einen genialen Gedanken gibt, für eine
richtige Entscheidung, für ein Bauwerk, für eine menschliche Be-
gegnung, für eine Problemlösung – nein, wichtig ist, dass man die
intuitive Botschaft auch in Realität umsetzt. Sonst bleibt sie Traum-
tänzerei. Intuitive Botschaften haben, das fühlen alle Kreativen,
einen stark auffordernden Charakter. Vielleicht auch deshalb, weil
man sofort merkt: Dieser Nachricht kannst du absolut trauen. Ganz
sicher aber, weil zündende intuitive Ideen begeistern. Wer erst einmal so weit ist, dass er intuitive Botschaften von anderen Gedanken-
wegen unterscheiden kann, fühlt sich bemüßigt, diese Botschaften
sofort zu realisieren – weil er ja längst weiß, was für eine positive
und gewaltige Urkraft die Intuition ist.

Und was ist mit uns „normalen" Menschen, die ohne wissenschaftliche Apparaturen an die Fragen des Lebens herangehen? Die meisten haben bei „irgendwie" unerklärlichen Dingen doch immer ein bisschen das Gefühl, es ist so, als wolle man einen Pudding an die Wand nageln. Intuition, na ja, irgend so ein Gefühl weg vom logischen Überlegen oder so ... Wir spüren zwar, dass Intuition uns hilft, manche Dinge des Lebens zum Besseren zu wenden, aber viel näher kommt man dem Thema nicht. So geht es der Intuition wie vielem, das plötzlich gesellschaftlich angesagt war: Jeder redet drüber, keiner weiß Bescheid. „Intuition" landet dann oft wieder in der Small-Talk-Ecke.

Das ist schade. Nicht weil das Thema auf irgendwelchen Stehpartys verwässert wird, daran muss man sich nicht aufhalten. Vielmehr, weil eine gigantische Chance für einen selbst vergeben wird, wenn man seine Intuition nicht intensiver nutzt. Der Zugang zur Intuition ist jedem gegeben, so wie jeder einen Bizeps hat. Je mehr der Muskel trainiert wird, desto mehr haben wir von ihm und können ihn für die Verbesserung unseres Lebens nutzen: Wir können mit einer geübten Muskulatur schwere Lasten heben und sogar Gefahrensituationen bewältigen. Wenn wir unsere Muskeln einfach als gegeben nehmen, ist das meist auch in Ordnung, sie funktionieren ja immer einigermaßen – nur viel schwächer, als es mit ein wenig sportlicher Übung möglich wäre. Analog ist es mit der Intuition: Auch hier hilft üben. Allerdings mit dem kleinen Unterschied, dass man durch Üben nicht die Intuition trainieren kann, vielmehr müssen sich die Übungen auf eine Optimierung der Zugänge zu ihr richten. *Wir müssen uns* in Richtung Intuition trainieren, die Intuition selbst ist nicht trainierbar – warum, darauf kommen wir noch.

Um das zu erreichen, müssen wir Wesen und Struktur der Intuition und unsere Position zu ihr verstehen und blockierende Denkstrukturen hinterfragen. Wir sind dabei ganz ideologiefrei und weit weg von irgendeiner verquasten Erleuchtungsebene, aber auch vom beengenden Schubladendenken, mit dem wir uns nur selbst alle Möglichkeiten nehmen, weiter zu blicken, mehr zu erkennen und zu nutzen. Verlassen wir gleich zu Anfang die Ebene von Testreihen, die nur herausbekommen wollen, *dass* Intuition existiert und auch nützlich ist. Wenden wir uns – durchaus mit verstandesmäßigen, logischen Überlegungen – einem methodischen Vorgehen zu, das uns zeigt, *wie* man die Intuition über die richtige Kommunikation mit ihr optimaler nutzen und damit zu mehr Erfolg und Lebensfreude kommen kann, letztlich auch zu einem authentischen Lebensglück in Selbstverantwortung.

Um eine richtige Sicht auf die Intuition zu bekommen, die ja nicht nur irgendein kleines mentales Wesen ist, sondern für ein riesiges System steht, zu dem wir uns besseren Zugang verschaffen werden, werden wir im nächsten Schritt erst einmal störende Denkblockaden beiseiteräumen.

Um dann den neuen Weg ganz einfach zu gehen.

Wie sagte Shakespeares Hamlet zu Horatio? „Es gibt mehr Dinge zwischen Himmel und Erde, als eure Schulweisheit sich träumen lässt."

- Intuition ist „angesagt", was einerseits erfreulich ist, andererseits aber noch wenig aussagt.

- Auch öffentliches Annähern an die Intuition über zaghafte wissenschaftliche Ansätze oder ihre Akzeptanz bei Gesprächen auf relevanten gesellschaftlichen Anlässen deuten zwar interessante Entwicklungen an, nützen Ihnen aber nichts.

- Was Ihnen nützt: die Intuition zu Ihrem eigenen Thema zu machen, sie aktiv in Ihre Lebensgestaltung aufzunehmen, zu verstehen, dass Eigenaktivität gefordert ist.

- Dazu müssen Sie die richtigen Kanäle zur Intuition wahrnehmen und sie von blockierendem „Unrat" befreien.

Der kleine mentale Kreislauf

„Meine Intuition sagte mir…": Der übliche Sprachgebrauch führt etwas in die Irre. Es klingt, als habe man seine private, abgeschottete Intuition in sich, fast wie ein eigenes Organ. Das brachte ja auch viele Forscher auf den Gedanken, sie mit Messmethoden im Körper des Menschen zu orten. Sitzt sie im Bauch oder im Großhirn, und wenn, wo genau, gibt es im Hirn ein Intuitionszentrum? Es ist wie mit der Seele, den tiefen Gefühlen wie Liebe oder Trauer – sie sind alle immateriell und darum so schwer einzuordnen.

Warum das Einordnen von Dingen ein besonders beliebtes Hobby des Menschen darstellt, ist klar: Wir leben alle – völlig unbewusst – mit einer Art Todesangst, weil wir vom unausweichlichen Tod wissen; wir leben mit diesem Unwissen, was denn nun wirklich hinter dem großen Vorhang ist. Wir haben zur Beruhigung viele Religionen mit ordnenden, beruhigenden und auch wiederum unterdrückenden Riten kreiert, wir versuchen es mit den Naturwissenschaften, mit Philosophien und spirituellen Praktiken und letztlich auch mit Ablenkung über Genuss oder Rausch. Ach, es wäre so schön, bei den wirklich großen Fragen endlich auch einmal eine Ordnung zu haben wie im Kleiderschrank, wo man so wunderbar genau weiß: Hier sind die Socken, dort die Hemden oder Blusen, da die Pullis. Die Natur, die Schöpfung (man kann das alles vom sachlichen, sogar atheistischen oder auch vom religiösen Standpunkt sehen, völlig egal: Ein Wunder und ein unendlich verzweigtes Rätsel bleibt die „Natur" vom unvorstellbar großen Weltall bis zur zauberhaften Schneeflocke, bei der keine der anderen gleicht) tut uns nicht den Gefallen, dass sich alles in Schublädchen ordnen lässt wie in unserem Schrank.

Die Natur oder die Schöpfung hat – von der Fortpflanzung der Amöbe bis hin zum Galaxien-Crash – ein stimmiges Ordnungssystem. Wir können es aber nicht verstehen, auf uns wirkt es chaotisch und folgt Elementen und Energien, von denen wir nichts wissen. Wir dagegen haben in unserer kleinen Welt und mit unserem begrenzten Denk- und Erkennungsvermögen versucht, in den Wissenschaften, der Biologie, Biochemie, Physik, Medizin, Mathematik, Astrophysik, Astronomie und in anderen Disziplinen, ein wenig Ordnung in das unbegreifliche Wunder zu bringen, weil wir eben die ganz große Ordnung nicht begreifen. Unsere kleinen Ordnungen haben uns ein bisschen beruhigt, aber auch neue Probleme geschaffen – denn mit einem verkrampften Ordnungsdenken kamen trennende Aufteilungen, auch in der Forschung. Und wenn alles in getrennten Disziplinen abläuft, hat man noch mehr Schwierigkeiten, irgendwann das Ganze zu erkennen.

Seit langem grübelt die Menschheit über materiell nicht fassbare Kräfte wie Liebe und Begriffe wie Seele. Dichter und Denker ließen sich darüber aus, und viele von ihnen verzweifelten selbst an der Liebe – denn diese große Energie ist logisch nicht fassbar und treibt uns doch gewaltig um. Wissenschaftler taten bei Liebesanalysen das, was sie meist tun, sie versuchten, das Immaterielle zu orten: Wo sitzt die Seele, wo die Liebe? Spezielle Organe hat man nicht gefunden, die Annäherung erfolgte deshalb über Untersuchungen, was denn so alles im Körper des Menschen *passiert*, wenn Liebe oder andere seelische Befindlichkeiten aktiviert sind. Man fand einiges, weiß heute, welche Hormonausschüttungen erfolgen, was mit dem Blutdruck und dem Hautwiderstand passiert und auf welche Weise die Hormone Tango tanzen, wenn auch noch sexuelle Gefühle ins Spiel kommen. Wir wissen auch schon ziemlich viel darüber, welche Substanzen der Mensch einnehmen muss, um bestimmte Gefühle auszulösen wie sexuelle Erregung, Aggression, Räusche verschiedener Art, Halluzinationen, Beruhigung... Aber was hat es genützt? Sind es wirklich Gefühle, die da entstehen? Es sind wohl eher biochemische Reaktionen, mit denen man manches simulieren, das Phänomen aber noch lange nicht ergründen kann.

Das Phänomen Intuition spürten Menschen schon in Urzeiten, sicher sogar mehr als heute. Sie spürten diese Urkraft, die ein übergeordnetes Wissen gibt, das nicht durch logische Überlegungen und verstandesmäßiges Abrufen gespeicherter Erfahrungen entstanden ist. Heute redet man gern vom „Bauchgefühl", denn irgendwo muss es ja untergebracht werden. Das ist aber problematisch: Der Begriff Bauchgefühl kam wahrscheinlich zustande, weil wir bei bestimmten Emotionen im Bauchraum körperliche Reaktionen spüren. Passiert um uns etwas Bedrohliches oder steht morgen eine schwierige Prüfung an, von der viel abhängt, wird uns im Bauchraum geradezu schlecht vor Angst. Geht es uns besonders gut, kann sich gerade der Bauchraum herrlich entspannen, man atmet locker und tief in den nun weichen, wohlig prickelnden Bauch hinein. Und weil man öfter das intuitive Spüren mit emotionalen Reaktionen verwechselt, kam man zu der Ansicht, die Intuition sei ein Bauchgefühl.

Tatsächlich fragen sich viele Menschen: Wie kann ich reaktive Emotionen, die einem ja auch wie plötzliche Eingebungen vorkommen, von Intuition unterscheiden? Es ist prinzipiell relativ einfach: Die Intuition ist eine nichtintellektuelle, also nicht durch Nachdenken entstandene Botschaft, ein Wissen, das urplötzlich „da ist" – weshalb man mit etwas Methodik üben sollte, sie in diesem Moment auch wahrzunehmen. Die Emotion dagegen ist eine subjektive Reaktion auf äußerliche Geschehnisse. In der Praxis ist hier eine Unterscheidung zugegebenermaßen manchmal nicht so einfach. Wenn man etwa vor der schweren Prüfung am nächsten Tag in der Universität oder auch nur in der Fahrschule Angst hat (der volkstümliche Begriff „Schiss haben" drückt ja deutlich aus, zu welchen Reaktionen eine solche Angst im Bauchraum führen kann ...), ist das eine Reaktion – aber könnte es nicht auch eine Intuition sein?

Die Unterscheidung ist jedoch nur scheinbar schwierig. Wir werden es in diesem Buch noch öfter erklären, weil es wichtig ist: Die Intuition ist eine verlässliche, weil objektive Botschaft aus einer sehr hohen und weit reichenden Informationsebene. Die Emotion ist dagegen nur eine Reaktion auf gerade Erlebtes. Im Gegensatz zur Intuition kann einem die Emotion an einem einzigen Tag zu einer Sache etliche Male unterschiedliche Gefühle geben, je nachdem, was grade passiert ist. Je weniger Selbstliebe und Selbstvertrauen Menschen haben, desto mehr sind sie von einem permanenten emotionalen Schleudergang bedroht, weil sie nicht in ihrer eigenen Mitte sind.

Die Übungen im Teil III dieses Buches helfen, sattelfester zu werden. Achtsamkeits- und Wahrnehmungsübungen im alltäglichen Wachzustand und Übungen in Tiefenentspannung, die mehr Achtsamkeit, Wahrnehmung und Kommunikation in Bezug auf unser Unterbewusstsein schaffen, bringen hier ein gutes Stück mehr Mitte und Überblick, und man weiß dann sehr wohl seine schwankenden Gefühle von der stabilen Urkraft Intuition zu unterscheiden.

Wie schwierig es sein kann, emotional bestimmtes Denken von rein sachlichem Denken zu unterscheiden, sieht man an dem Beispiel mit der bevorstehenden Prüfung: Man glaubt, wenn man über seine Erfolgschancen nachdenkt, dies sei ein rein intellektuelles Nachdenken, hat in Wahrheit aber diese Ebene bereits verlassen. Rein verstandesmäßig über die Erfolgschancen bei der Prüfung nachzudenken, hieße, sich ganz „cool" eine sachliche Liste darüber zu machen, was alles an Prüfungsaufgaben kommen wird und dahinter jeweils in einem Feld mit der Frage „Habe ich mich auf diese Aufgabe optimal vorbereitet?" mit einem Ja oder Nein zu antworten. Dann hat man gecheckt, zu wie viel Prozent man gut vorbereitet ist, und kann einschätzen: Ja, ich schaffe die Prüfung ganz sicher; oder: Nein, das geht niemals, weil ich in fast allen Aufgaben ahnungslos bin; oder: Na ja, ich habe doch so einige Lücken, ich liege bei sechzig Prozent, muss also auch etwas Glück haben, wenn es klappen soll.

Diese Vorgehensweise schaffen aber in der Reinform nur wenige. Nützlich wäre dieses intellektuelle Checken durchaus, denn nur mit

Voodoo können Sie keine Prüfung schaffen. Man muss nun mal den Prüfungsstoff lernen und je weniger man das tut, desto schlechter stehen die Chancen. Es wäre Unsinn zu behaupten, dass man das Erlernen von Wissen durch Fühlen, Spüren, durch die Wege des Unterbewusstseins ersetzen kann. Nur: Egal, auf welchem Wissensstand man sich befindet, man wird seine Chancen auf dem jeweiligen Ausgangslevel immer verbessern können, wenn man eine gute Kommunikation mit seinem Unterbewusstsein hat.

Denn der intellektuelle Aspekt ist eben nicht der einzige. Man kann bekanntlich auch in einer Prüfung durchfallen, obwohl man zu einem sehr hohen Prozentsatz gut vorbereitet war, und andererseits eine Prüfung auch bestehen, obwohl man einige Wissens- oder Könnenslücken hatte. Hier spielt es eine große Rolle, wie man sein Unterbewusstsein „programmiert" hat. Das Unterbewusstsein ist der treue Diener jedes Menschen. Es tut genau das, was man ihm sagt. Wenn Sie wochenlang vor der Prüfung intensiv negative Gedanken in ihr Unterbewusstsein geben, etwa, dass die Prüfung für Sie schrecklich ist, dass man Angst haben muss vor Prüfungen, dass Sie ohnehin nie Glück haben, dann wird Ihr Unterbewusstsein dafür sorgen, dass sie mit Pauken und Trompeten durchfallen, und zwar so schnell wie möglich. Das Unterbewusstsein meint es gut mit Ihnen, es reagiert auf Ihre negative Botschaft mit der Aktion, Sie rasch aus der bedrohlichen Situation zu nehmen. Vielleicht jagt es Ihnen, um Sie vor der Prüfung zu schützen, sogar so viel Angst und Bauchschmerzen ein, dass Sie erst gar nicht mehr zu der Prüfung gehen. Dann ist das Unterbewusstsein stolz, denn es hat Sie vor dem Hineingehen in eine schlimme Situation bewahrt.

Wenn Sie aber vor der Prüfung Ihrem Unterbewusstsein die Botschaft geben, ich werde diese Prüfung leicht schaffen, ich habe das Zeug dazu, wird es Sie mit großer Kraft und Zuversicht versorgen, was Ihre Chancen bei der Prüfung stark erhöhen wird. Denn in diesem Fall bekommt das Unterbewusstsein die Meldung: Die Prüfungssituation ist gut für Sie und nicht von Ängsten belegt. Allerdings wird bei vielen Psycho-Ratgebern an diesem Punkt oft der Hinweis vergessen, dass auch dann die vorherige gute Vorbereitung auf die Prüfung nötig ist – sich nur innerlich zu sagen oder zu wünschen, ich schaffe die Prüfung, faktisch dafür aber kaum etwas zu tun, wäre eine naive Verleugnung von Realitäten und kausalen Zusammenhängen.

Was hat diese Kommunikation mit dem Unterbewusstsein mit Intuition zu tun? Man könnte unseren Kontakt zum Unterbewusstsein – also die Ebene ohne das Hineinfunken des rationalen Verstands – als unseren kleinen mentalen Kreislauf beschreiben, in dem im Sinn einer guten Intuitionsarbeit alles gut fließen sollte. Dieses Fließen können wir verbessern, etwa mit Übungen, wie man sie im Autogenen Training oder anderen Meditations-, Selbsthypnose- und Tiefenentspannungstechniken lernt. Man lernt, ohne störenden Einfluss des Verstandes seinem Unterbewusstsein positive Botschaften zu geben, und erfährt sozusagen im Gegenzug vom Unterbewusstsein eine starke Unterstützung. Hat das Unterbewusstsein in einer tranceartigen Tiefenentspannung etwa die klare Botschaft erhalten: Ja, ich bin gut vorbereitet, ich freue mich auf diese Prüfung – dann wird es statt für Angst für ein Gefühl selbstbewussten Mutes sorgen, der ganz ohne jedes Nachdenken in der Prüfung vorhanden sein wird.

Wer diesen kleinen mentalen Kreislauf trainiert, verbessert damit auch die Verbindungen zwischen Unterbewusstsein und Verstand, und Letzterer steht in entscheidenden Situationen nicht allein da. Der Kanal zum Unterbewusstsein ist dann frei, und über ihn kommen nun auch Intuitionen aller Art an.

Auch die aus dem großen Kreislauf: Über den kleinen Kreislauf finden wir Zugang zum großen. Denn Intuition ist nicht nur in uns beheimatet. Sie ist nicht als bloßes Bauchgefühl einzuordnen, sondern greift unendlich viel weiter, in einen großen energetischen Kreislauf, der zu dem führt, was wir durchaus aus unserer alltäglichen Sprache kennen:

- Er hat *auf Anhieb* die richtige Entscheidung getroffen: Auf Anhieb heißt, ohne nachzudenken, also ohne Einschaltung des Intellekts.
- *Schlagartig* wurde jemandem etwas klar.
- *Ohne nachzudenken*, wusste er, was zu tun war.
- Er kam *ohne Kopfzerbrechen* zu seiner Entscheidung.
- Er ist ein *blitz*gescheiter Mensch.
- Er schob das ewige Abwägen beiseite und traf eine *Bauch*entscheidung.
- Ihm fiel es *wie Schuppen von den Augen.*
- Ihn beschlich ein seltsames *Gefühl.*
- Sie hat einen *Riecher* für die Dinge.
- Sie war *ahnungslos.*
- Auf mein *Gespür* kann ich mich *blind verlassen.*
- Er ist ein *Instinktmensch.*
- Sie wurde *von der Muse geküsst.*
- Ihm *fliegen* die guten Ideen nur so zu.
- Sie hatte einen *Geistesblitz.*
- Er hatte eine *wunderbare* Idee.
- *Wie aus dem Nichts* erkannte sie die wahren Zusammenhänge.
- Die Musik von ihm ist *nicht von dieser Welt.*
- Sie hatte eine *göttliche Eingebung.*
- Er *wusste* ganz einfach, dass Gefahr droht.
- Eine *innere Stimme* warnte sie.
- Die *Vorsehung* wollte es so.

Es gibt so viele Bereiche unseres Lebens, in denen wir mit anderen Kräften als dem intellektuellen Wissen besser weiterkommen, und unsere Sprache hat Begriffe dafür geprägt. Denken Sie an Begriffe wie Inspiration, Spürsinn, Kreativität, Bauchgefühl, innere Stimme,

Glück, wahre Liebe, Wahrnehmung, Lebensfreude, Instinkt und durchaus auch Hellsehen – keiner hat primär mit dem Verstand zu tun, sie leben alle von der Intuition, diesem inneren Wissen. Und sie haben alle einen größeren Einfluss auf unser Leben, als es manche wahrhaben wollen. Es ist also sinnvoll, sich damit mehr zu beschäftigen.

Schauen Sie doch nur in Western- oder Krimiromane, selbst in diesen Genres wird über Intuition geredet. Da finden Sie etwa Sätze wie: „Johnny saß an der Bar und ließ die Eiswürfel im Whiskyglas kreisen. Dumpf schaute er vor sich hin. Plötzlich spürte er brennende Blicke im Nacken. Er drehte sich um, und tatsächlich, da stand der gesuchte Killer in der Tür." Blicke brennen aber nicht, und Augen hat hinten auch keiner. Dennoch kennt das jeder von sich selbst, diese intuitive, spürende Art des Sehens und Wissens.

Eine sehr eindrucksvolle Begebenheit, die bei einer der gefährlichsten Aktionen der Sicherheitskräfte unseres Landes passierte, zeigt eindrucksvoll dieses intuitive Spüren. Ende November 2008 lief vor der ARD-Sonntagabend-Talk-Show mit Anne Will der Film „Mogadischu", der das fünftägige Entführungsdrama der Lufthansa-Maschine „Landshut" zeigte, die im Oktober 1977 von arabischen Terroristen gekapert worden war. Mit der Entführung sollte die Freilassung der in Stuttgart-Stammheim einsitzenden RAF-Top-Terroristen erzwungen werden. Die damalige Bundesregierung unter Kanzler Helmut Schmidt gab den Forderungen der Terroristen nicht nach, sondern ließ in Mogadischu die „Landshut" in einem Handstreich der deutschen GSG-9-Elitesoldaten erstürmen.

In der Sendung von Anne Will wurde anschließend darüber diskutiert. Zu Gast war auch Jürgen Vietor, der damalige Co-Pilot der Maschine. Kurz vor der Erstürmung der Maschine herrschte bei der GSG 9 höchste Nervosität, denn man sah über Zielfernrohre, dass Vietor im Cockpit der Maschine saß, was aber eine Erstürmung der Maschine unmöglich machte – ein wichtiger Punkt bei der geplanten Erstürmung war, dass im selben Moment, in dem die Türen des Jets von außen aufgeknackt wurden, ein anderer Elitekämpfer von außen durch die Fenster ins Cockpit schießen sollte, um den dort sitzenden Terroristenanführer sofort auszuschalten. Mit Vietor daneben wäre das zu gefährlich gewesen. Man konnte aber nichts tun, hatte keine Kontaktmöglichkeit. Die Zeit wurde knapp.

Vietor betonte nun in der TV-Sendung erst einmal das, was ein Mann selbstverständlich betonen muss, um ernst genommen zu werden: „Also, ich glaube ja nicht an Telepathie", sagte er. Aber wie er da im Cockpit saß, habe er dann auf einmal unerklärlicherweise gefühlt, er solle nun das Cockpit verlassen. Er habe sich auch, ohne zu wissen warum, nicht auf einen der Sitzplätze der Ersten Klasse gesetzt, sondern sich in den voll besetzten hinteren Passagierraum auf den einzigen freien Platz gesetzt, obwohl von der Ratio her Vietor sich nach mehreren Nächten ohne Schlaf sicher auf einen komfortableren Platz hätte setzen müssen.

Exakt drei Minuten später wurde die Maschine gestürmt. Es wäre nicht möglich gewesen, wenn Vietor das Cockpit nicht aus einer Intuition heraus verlassen hätte. Auch dass er sich nicht in der Ersten Klasse mit ihren vielen freien und einladend breiten Sesseln hinsetzte, war für die Geiselbefreiung wichtig, die GSG-9-Kämpfer hatten freie Bahn, und schließlich ging es bei der Erstürmung um jede Zehntelsekunde. So konnte die deutsche Elitetruppe exakt nach Plan vorgehen und die Terroristen binnen Sekunden ausschalten. Keine der 86 Geiseln wurde dabei verletzt.

- Wir haben uns in fast allen Bereichen eine recht spießige Schub-lädchenordnung geschaffen, um die Welt ohne Angst zu verstehen.

- Die Natur hat viel bessere Ordnungssysteme als wir, nur können wir sie nicht verstehen, sie wirken auf uns in ihren ganzheitlichen energetischen und hochdynamischen Zusammenhängen nicht überschaubar, sondern oft beängstigend chaotisch.

- Wenn wir im kleinen Kreislauf der Intuition – also ihrer Wir-kungsweisen *in* uns – nicht mehr den Verstand als das Maß aller Dinge nehmen, sondern unser Unterbewusstsein, unser Gefühl, Einfühlungsvermögen ebenso oder sogar mehr beachten, kom-men wir leichter aus dem Schublädchendenken heraus.

- Durch die Öffnung zu dem Wissen, dass Ratio nicht alles ist, erfahren wir allmählich das Glück, dass unser kleiner Kreislauf angstfrei an den großen Kreislauf andocken kann.

Der große Kreislauf der Intuition

Es entspricht unserem oft etwas kleinkrämerischen, phantasielosen und unsouveränen Denken, dass wir immer „Eckdaten" brauchen, um Dinge zu erfassen. Eckdaten sind wie Wände, Grenzen von Räumen, die wir im dreidimensionalen Denken als Halt brauchen.

Lernt man jemanden kennen, muss man, um die Person gut einschätzen zu können, möglichst schnell wissen, welchen Beruf sie hat, wie alt sie ist, manche brauchen noch den Familienstand oder das Sternzeichen, um eigene Unsicherheiten zu überwinden. Aber – denken Sie mal statt des Einschätzens nach Eckdaten an den wunderschönen Begriff „sich ein Bild von jemandem machen". Klingt das nicht gleich viel schöner? Da braucht man keine harten Fakten, vielmehr malt man selbst ein Bild. Das kann man wiederum am besten dann machen, wenn man in sich selbst Bilder zulässt, wenn man also nicht nur mit Fakten arbeitet und wenn man mit Empathie in jemanden hineinspürt, um zu „sehen", was das für ein Mensch ist.

Mit Fakten gerät man ohnehin oft ins Stolpern. Fakten, das suggeriert etwas Neutrales, Unumstößliches und deshalb Verlässliches. Genau darum können wir über Fakten viel eher getäuscht werden als über das Spüren. Fakten werden uns vorgelegt, wir sind dabei passiv und können dann nur noch in der Beurteilung aktiv werden. Wenn man in etwas hineinspürt, sich selber ein Bild von etwas macht, ist man hingegen selbst von Anfang an aktiv. Sie brauchen über die Intuition keine Eckdaten, und die Wissenschaft wird sich noch lange die Zähne daran ausbeißen, welche zur Intuition zu bekommen. Denn sie sucht die Intuition nur im Gehirn. Weil Fakten ja auch Verortungen brauchen.

Tatsächlich aber ist die Intuition gar nicht zu orten. Es ist nicht so, dass jeder Mensch seine eigene, abgekapselte Intuition in sich trägt, so wie er seine Haare auf dem Kopf und seine Knochen im Körper hat. Denn dann wäre die Intuition keine Intuition. Es gibt Behauptungen, die Intuition bediene sich nur der Erfahrungen, die im Gehirn, im Verstand gespeichert sind. Die Vorstellung ist schon deshalb falsch, weil Erfahrungen nicht *nur* im Gehirn gespeichert sind. Es entspricht dem menschlichen Ordnungsdenken, jedem Körperteil, jedem Organ seine ganz spezielle Aufgabe zuzuweisen. Eine ganzheitliche Denkweise, die es für möglich hält, dass alles mit allem verbunden ist, sprengte bislang einfach die Vorstellungskraft des Menschen – und würde natürlich auch den selbstherrlichen Anspruch des Homo sapiens, der Herrscher aller Dinge zu sein, in sich zusammenfallen lassen. Nur wenn man scheinbar alles erklären kann und alles „im Griff" hat, kann man mit einer solchen Hybris auftreten.

Eine neuere Generation von Wissenschaftlern scheint inzwischen etwas weiter zu blicken. Sie haben guten Grund dazu, denn es gibt immer mehr Hinweise darauf, dass wir bei weitem noch kein vollkommenes Verständnis für unser Körper-Geist-Seele-System haben, vor allem nicht dafür, welche Arten von Energie es gibt, welche Wege sie gehen, was sie bewirken. Aufgerüttelt haben auch die sich häufenden Berichte über Veränderungen bei Menschen, die über eine Transplantation ein fremdes Organ eingepflanzt bekamen. Vor allem bei Herztransplantationen kommt es immer wieder vor, dass Menschen plötzlich Verhaltensweisen an den Tag legen, die sie vorher nie hatten. Wobei sich nach intensiven Recherchen vor allem in Amerika (in den USA wird die Identität der Organspender nicht so geheim gehalten wie bei uns) zeigte, dass es exakt die Verhaltensweisen waren, die der verstorbene Organspender zu Lebzeiten hatte. Mehr noch, es gab Fälle, in denen ein völlig unmusikalischer Mensch nach Erhalt eines Spenderorgans plötzlich mit hoher Begabung ein Instrument spielen konnte und dann herauskam, dass der Spender ein sehr musikalischer Mensch war. Andere Menschen bekamen nach dem fremden Organ genau an den Körperstellen

Schmerzen, an denen beim Organspender sich die entscheidende Verletzung beim tödlichen Unfall befand. Frappierend war der Fall einer Zehnjährigen, die das Herz einer Achtjährigen erhalten hatte. Nach der Operation litt sie unter Alpträumen, wurde psychologisch examiniert, und über die Beschreibungen aus ihren Träumen konnte der Mörder der achtjährigen Herzspenderin gefasst werden – von dem Mord hatte die Familie der Herzempfängerin bis dahin nichts gewusst.

Mit diesen Phänomenen beschäftigen sich mittlerweile viele Fachleute. Vorreiter ist der amerikanische Kardiologe Dr. Paul Pearsall, in Deutschland bekannt mit dem Buch „Heilung aus dem Herzen". Der frühere Leiter einer kardiologischen Forschungsstation spricht von einer Lebensenergie, die aus dem Herzen kommt. Tatsächlich ist schon nachgewiesen worden, dass die elektrische Strahlung wie auch das magnetische Feld des Herzens um ein x-faches höher ist als das aller anderen Organe im Körper. Insofern scheint das Herz tatsächlich eine zentrale Rolle zu spielen. Pearsall berichtet in seinen Büchern über zahlreiche Vorfälle, bei denen Organempfänger nach ihrer Operation Gewohnheiten, Begabungen oder Erinnerungen des Organspenders in sich trugen, ohne auch nur die geringste Ahnung zu haben, wer der Spender war.

Dass es ein zelluläres Gedächtnis gibt, wird inzwischen von vielen Wissenschaftlern festgestellt. Man versucht sich hier noch mit biochemischen Erklärungen und Ähnlichem. Meist hängen Forscher noch der Vorstellung an, auch solche Vorgänge müssten sich irgendwie über Wirkungsweisen auf materiell-chemischem Weg erklären lassen. In Wahrheit wird jedoch mit solchen neueren Erkenntnissen deutlich, dass es Zusammenhänge, Energie- und Informationsflüsse gibt, die man bislang nicht kannte.

Eines der bislang erstaunlichsten Experimente wurde von der INSCOM durchgeführt, dem „Intelligence and Security Command" der US-Armee, zuständig für alle Arten von Bedrohungen von stationierten Truppen: Man entnahm einem Probanden weiße Blutzellen, konzentrierte sie breiartig in einem Reagenzglas und schuf über eine Sonde einen Kontakt zu einem Lügendetektor. Dem Spender dieser Zellen wurden viele Meter weiter in einem anderen Raum Gewaltvideos gezeigt – und die Zellen in dem Reagenzglas reagierten mit hoher Erregung. Es wurde also gezeigt, dass Zellen sich an ihre Herkunft erinnern und zu dieser auch irgendeine energetische Verbindung haben.

Das mag für manche schon ein bisschen an Dr. Frankenstein erinnern, aber man muss ganz entspannt feststellen: Es gibt gerade im nichtmateriellen, eher energetischen Bereich noch viel zu entdecken. Denn dass das Nichtmaterielle die Materie bestimmt und nicht umgekehrt, hat schon Goethe erkannt: „Der Geist ist es, der sich den Körper bildet."

Der Geist wird oft mit verstandesmäßigem Denken verwechselt, dabei ist dieses nur eine kleine Unterabteilung des Geistes. Der Geist: Das dürften alle Formen von Denken und Fühlen auch im Verbund mit dem Unterbewusstsein sein, und in ein paar hundert Jahren wird der Mensch dieses Zusammenspiel möglicherweise sogar verstanden haben. Heute haben wir bei bestimmten Gedanken- und Gefühlsenergien manchmal ein bisschen Wissen, bei anderen nur Ahnungen. Wer erkannt hat, dass es Unsinn ist, bis auf die letzten naturwissenschaftlichen Beweise zu warten, also bis auf den Tag, an dem man entweder entsprechend empfindliche Messgeräte oder sogar schon das richtige Denken hat, und wer Vertrauen in die Natur besitzt, der kann heute schon mit vielen Kräften arbeiten.

Indische Yogis, tibetische Mönche oder Schamanen in südamerikanischen Völkern tun das mit ihren magischen Praktiken schon seit sehr langer Zeit. Und während sicher noch viele Jahrzehnte mühsamer Intuitionsforschung vor uns liegen, wird sie seit ewigen

Zeiten von großen Köpfen ganz selbstverständlich genutzt. Werner Heisenberg, deutscher Physiker und Nobelpreisträger, hat stets betont, dass es viele Dinge gibt, die es für den Menschen aber „nicht geben kann", weil dieser nicht in der Lage ist, sie zu sehen. Seine Demut vor der Schöpfung drückte er in dem schönen Satz aus: „Der erste Schluck aus dem Becher der Naturwissenschaften macht atheistisch. Doch auf dem Grund des Bechers wartet Gott!"

An diesem Punkt wird sicher klar, dass all die Vorstellungen, die die Intuition als irgendein kleines Extragefühl im Gehirn oder im „Bauch" einkasteln wollen, falsch sind. Auch alle durch Intuition, durch Eingebung entstandenen großen Leistungen des Menschen zeigen, dass es den großen Kreislauf gibt. Dichter, große Musiker, Erfinder erzählten, dass ihre Schöpfungen eigentlich nicht von ihnen selbst kommen, sondern von woanders her und sozusagen durch sie hindurch gingen. Hier ist die unbewusste Intelligenz zu sehen, die Psychologe Gerd Gigerenzer der Intuition zuschrieb.

Diese Form von Intelligenz, das ist das eigentliche Interessante an der Intuition, entzieht sich den üblichen Verortungen. Intuition ist ein irrsinnig schnelles „Wesen", das gleichzeitig an vielen Orten sein kann und dabei über eine dauernd vernetzte Kommunikation verfügt. Und die Orte, an denen sie herumsaust, gehen ganz offensichtlich weit über die Orte hinaus, die der Mensch so kennt, ebenso fließt die Vernetzung über einen Energiebereich, den wir nicht kennen. Aber müssen wir das? Reicht es nicht zu wissen, *dass* sie funktioniert? Muss man alles messbar machen, damit man es für wahr, für existent halten kann? Muss Liebe messbar sein, damit wir glauben, dass es sie gibt, damit wir fähig sind zu lieben?

Verlassen wir uns lieber ganz einfach auf die Intuition, die ohnehin zuverlässiger als jedes Messgerät ist. Man kann sich den großen Systemkreislauf der Intuition mit einem einfachen Bild so vorstellen: Wenn wir sagen, ich habe „meine" Intuition, dann heißt das, wir haben über unseren kleinen Kreislauf einen ganz persönlichen Zugang zum großen Kreislauf, zur großen Urkraft Intuition.

Stellen wir uns die Vernetzung dieser Urkraft wie ein gigantisches Schienennetz vor, auf dem die schnellsten, modernsten Intuitionseisenbahnen von Ort zu Ort fahren: Die Züge werden an verlassenen, verwahrlosten Bahnhöfen, deren Ein- und Ausgänge vielleicht schon völlig zugewuchert sind, gar nicht anhalten und an uninteressanten, ungepflegten Bahnhöfen vielleicht nur selten und sehr kurz; an freundlichen, gepflegten, belebten Bahnhöfen aber regelmäßig.

Sie sind in diesem Bild ein kleiner Ort mit einem Bahnhof. Der Bahnhof steht für Ihre eigene Intuition, das große Schienennetz für die universal vernetzte große Urkraft Intuition. Es ist Ihre Entscheidung, ob Sie als Ort weitgehend isoliert weitermachen oder Ihren Bahnhof sinnvollerweise an das riesige, weit verzweigte Schienennetz anschließen wollen, an die große weite Welt mit all ihren Facetten und Entwicklungsmöglichkeiten.

Damit Sie den Anschluss bekommen, an das Bahnsystem andocken können, müssen Sie erst einmal Ihren eigenen Ort und den kleinen Bahnhof so schön und funktionell herrichten, dass Leute dort gerne ein- und aussteigen und es für die Züge sinnvoll ist, regelmäßig anzuhalten. Natürlich, Sie haben mit Ihrem Bahnhof und Ihrem kleinen Ort bereits ein Umfeld – aber nur ein kleines, mit beschränkten Möglichkeiten. Mit dem Anschluss an das große Bahnnetz aber haben Sie die Chance, überall hinzureisen, von überall Besuch zu bekommen, sich auszutauschen – sich zu entwickeln. Es lohnt sich also, den Bahnhof optimal herzurichten, oder?

Das riesige Schienennetz steht für die Vernetzung der Urkraft Intuition, die sich auf den Schienen mit Überschallgeschwindigkeit bewegt, und zwar überall hin, über die Grenzen hinweg. Denn Intuition kennt keine Grenzen. So wie Züge in viele Länder fahren, ist die Intuition mit ihrem persönlichen Bereich vernetzt, Ihrem Körper, dem Geist, der Seele, sie bedient sich natürlich auch der Informationen aus Ihrem Verstand und über Ihren Bahnhof, Ihrem Portal nach draußen, also über Ihr Unterbewusstsein, flitzt sie dann in die weite, kollektive Vernetzung wieder nach nach draußen.

Wenn es Ihnen lieber ist, können Sie sich das bildlich statt mit einem Eisenbahnnetz auch mit einem Computersystem vorstellen. Es klingt halt etwas unromantischer, die Intuition mit einem Superinternet zu vergleichen, einem unendlich vernetzten, millionenfach leistungsfähigerem als dem heutigen. Ein Internet, von dem Sie in jedem Sinne profitieren können – wenn Sie zuvor für einen leistungsfähigen eigenen Computer sorgen und die optimalen Anschlüsse.

Zahllose intuitive Botschaften, die Menschen erhielten, zeigen: Intuition ist keine im Körper eines Menschen abgeschottete Intelligenz, sondern ein grenzenlos vernetztes „Wesen", das aber jedem, der in richtiger Weise an dieses System andockt, zu seinem persönlichen Vorteil zur Verfügung steht. Wichtig ist dabei das Verständnis, dass wir nur unseren „eigenen Bahnhof" beeinflussen, nur unseren eigenen Computer herrichten und nicht das ganze System beeinflussen können.

- Fakten sind sehr begrenzt, weil sie nur auf bisher belegten Erfahrungen fußen. Zudem können wir Fakten bloß passiv gegenüberstehen. So kommen wir nur schleppend voran.

- Wundersame Entdeckungen – wie etwa die neuesten Erkenntnisse über ein zelluläres Gedächtnis – zeigen uns, dass es offenbar viele geheimnisvolle Wege der Informationsübertragung gibt und dass es sich lohnen könnte, in diese Bereiche hineinzuspüren.

- Auf welchem Informationsweg genau die Intuition als umfassende Kraft, als grenzenlose Intelligenz zu uns kommt und jedem bei individuellen Fragen helfen kann, können wir sicher noch lange nicht, vielleicht niemals verstehen.

- Was wir aber tun können, ist am umgekehrten Weg zu arbeiten: Wie wir besser zur Intuition kommen, wie wir uns der Intuition besser präsentieren, damit wir interessanter werden für häufigere Besuche von ihr.

- Wenn wir also unseren privaten „Bahnhof" für mehr Zwischenstopps des Intuitionszuges schöner herrichten, schaffen wir mehr Chancen, am universalen Intuitionsnetzwerk teilzuhaben.

- Wir sind dabei weit weg von irgendeiner verquasten Esoterik – im Gegenteil: Aktives Spüren von intuitiven Energien macht uns selbstbestimmter, weil die Intuition nicht unser Leben übernimmt, sondern nur gute Tipps für Weichenstellungen gibt.

Die Strukturen der Urkraft

Es gibt also einige klare Punkte, die das geheimnisvolle Wesen Intuition kennzeichnen:

- Intuition ist eine Urkraft, sie war immer da; sie ist viel älter als unser rationaler Verstand.

- Sie ist kein organisches Teil des Menschen oder irgendwie isoliert im Körper angesiedelt, wie häufig vermutet wird.

- Vielmehr ist sie eine externe Urkraft, die jedem von uns gewogen ist, um die wir uns aber aktiv bemühen müssen.

- Sie ist nicht zu orten, weil sie nicht an einem festen Ort „wohnt", sondern überall und nirgends präsent sein kann.

- Intuition ist ein sehr flüchtiges Wesen, zumindest für unsere trägen Möglichkeiten der Wahrnehmung. Sie taucht unvermittelt auf und ist schon wieder verschwunden.

- Intuition kennt keine Grenzen, weder örtliche noch zeitliche, sie „ist" ganz einfach.

- Sie muss nicht wie wir Vergangenheit, Gegenwart und Zukunft unterscheiden, um mit dem Leben zurechtzukommen.

- Intuition ist zwar keine abgekapselte persönliche Energie eines Menschen, aber der Mensch kann sie zu „seiner" Intuition machen, indem er lernt, intensiver an das Netzwerk der Urkraft Intuition anzudocken.

- Intuition ist eine kollektive Kraft, die nicht trennt, sondern verbindet, die nicht ausgrenzt, sondern in allen nur denkbaren Disziplinen und Bereichen zusammenführt.

- Darum wird die Intuition für jene nur schwach spürbar, die sich ihr mit einem ausgeprägt dualistischen, ausgrenzenden Denken nähern.

- Weil Intuition eine Urkraft ist, hat sie auch viel mit Liebe zu tun. Wer fähig ist, mitfühlend zu lieben, hat bereits die besten Sensoren für eine gute Kommunikation mit der Intuition. Deshalb läuft ein starker Egoismus dieser Kommunikation zuwider.

- Intuition hat keine Launen, wie wir das von unserer Gefühlswelt her kennen. Egal, ob wir traurig oder fröhlich, erschöpft sind oder vor Energie platzen: Die Intuition steht zur Verfügung. Damit bietet sie uns erstens eine im Leben seltene Verlässlichkeit. Zweitens beweist sie damit, dass sie nicht nur „irgendwie" ausschließlich in der Gefühlswelt „herumwabert", wie Intuitionskritiker manchmal unterstellen – sie ist unabhängig von der nicht sehr verlässlichen Welt der bloßen Emotionen. So zeigt diese gleich bleibende Neutralität der Intuition, dass sie zwar einerseits als „unsere" Intuition *in* uns sitzt, aber ihre ganz besonderen Fähigkeiten aus der weit über den einzelnen Menschen hinausgehenden, souveränen Vernetzung bezieht. Darum ist von Urkraft die Rede; darum heißt es in diesem Buch eher häufiger „die Intuition" anstatt „Ihre" oder „unsere" Intuition.

- Die Intuition ist also als souveräne Urkraft zeitlich wie auch räumlich *immer* für uns da, sie durchdringt uns stetig, so wie etwa die Milliarden Protonen und Neutronen, die permanent durch uns hindurchrasen, sie ist für uns da wie die Luft zum Atmen.

- Nur: Atmen müssen wir eben selber. Die Intuiton ist für uns da wie das Wasser auf der Erde, nur: Trinken müssen wir selber. Deshalb liegt es an uns und in uns, was wir aus dem Angebot der Urkraft Intuition machen.

- Darum muss der einzelne Mensch lernen, wie er sich ständig der Intuition ohne Vorbehalte und Blockaden öffnet, bei ihr „andockt".

- Will man vermehrt an die Urkraft Intuition andocken, muss man sich über die richtigen Zugänge zu ihr klarwerden.

- Über den rationalen Verstand findet man keinen Zugang zur Intuition. Der Verstand mit seinen vielen gespeicherten Erfahrungen und Fakten und seiner intellektuellen Beurteilungsfähigkeit ist aber im umgekehrten Sinn eine der unendlich vielen wichtigen Anlaufstellen, eines der Archive, aus deren Fundus sich die Intuition bedient.

- Für Informationen, Nachrichten, Anregungen, Ideen, ein „inneres Wissen", flash-artige Blicke in Vergangenheit und auch Zukunft, für das sofortige Erkennen und Beurteilen von Situationen korreliert die Intuition über ihr Netzwerk in unvorstellbar rasanter Geschwindigkeit Informationen aus all ihren unendlich vielen Anlaufstellen (Wissenschaftler trauen sich heute wenigstens schon zu sagen, dass Entscheidungen über die Intuition um ein Vielfaches schneller ablaufen als über den Verstand, man ist sich sicher, dass Intuition auf irgendeine Weise eine x-fach schnellere Informationsverarbeitung besitzt).

- Intuition ist nicht linear-analytisch-logisch strukturell zu erfassen, sie ist eine hochintelligente „Querdenkerin" und „Quervernetzerin", in einer so komplexen Weise, dass wir gar nicht fähig sind, Ordnung und Strukturen zu analysieren.

- Die gute Nachricht ist: Wir dürfen dieses unglaublich effektive System ganz einfach nutzen – und müssen dennoch nicht wissen, wie es im Detail „funktioniert". Das Einzige, was wir wissen sollten, ist, wie wir uns diesem System effektiver nähern.

- Intuition hat offenbar Möglichkeiten, die alle Vorstellungen sprengen, wenn sie logische und scheinbar unlogische Dinge, zeitlich oder thematisch scheinbar völlig zusammenhanglose Dinge in eine Ordnung bringt, die uns dann bei Entscheidungen hilft.

- Intuition ist damit eine uns noch unerklärbare Form einer Intelligenz, wobei Intelligenz dafür auch nur ein Hilfsbegriff ist.

Das bleibende, ganz große Geheimnis der Intuition ist: Wer führt diese Urkraft? Wer hat sie geschaffen? Warum gibt es sie? Es fällt auf, dass fast alle offenen und genialen Forscher immer wieder auf Gott, Spiritualität, Demut kommen. Der bekannte US-amerikanische Psychiatrie-Professor Stanislav Grof sagte: „Auf globaler Ebene glaube ich, dass die Wiedereinführung der Spiritualität in das Leben der Menschen unsere einzige Hoffnung sein mag!" Der Mensch hat für den Ursprung der Intuition keine wissenschaftliche Erklärung, kann sich bei intuitiven Eingebungen nur mit Formulierungen behelfen wie „von der Muse geküsst" oder „vom göttlichen Finger berührt". Oder, selbstverständlich, er kann ein so weites Denken ablehnen und nach wie vor sagen, Intuition kommt nur aus seinem Bauch.

Intuition ist wie Hund und Katz'

Die einen kläffen, die anderen miauen, und beide Tierarten gehören zu denen, die sich seit Jahrtausendenden dem Menschen angeschlossen haben. Darum kennen wir die typischen Verhaltensweisen, Eigenarten und Begabungen von Hunden und Katzen sehr genau. Das ist gut, denn anhand beider Tierarten kann man das Wesen der Intuition sehr schön beschreiben. Es geht um zwei zentrale Punkte zum besseren Verständnis der Intuition und damit zu ihrer besseren Nutzung.

Das Wesen Hund zeigt uns bildhaft auf, warum es nicht möglich ist, im strengen Sinne „die Intuition zu trainieren", indem man sie sich quasi untertan macht, versucht, sie ins eigene intellektuelle Denkgebäude einzufügen. Denn auch einen Hund kann man im strengen Sinn nicht trainieren. Wenn man sich nämlich den Hund total gefügig macht und ihm nicht sein rudimentäres Wesen lässt, gehen auch seine ganz besonderen Fähigkeiten verloren. Wenn wir etwa die schier unglaublichen Fähigkeiten eines Lawinensuchhundes oder Katastrophensuchhundes nutzen wollen, müssen wir die besondere Eigenheit des Hundes, Menschen auch unter Schuttbergen oder Lawinenbergen riechen zu können, sogar fördern. Je mehr wir ihn als eigenes Wesen akzeptieren und respektieren, desto mehr können wir von seinen Kräften profitieren, als Blindenhund, als Drogensuchhund, als Therapiehund für Kinder, als Schlittenhund... und je mehr wir ihn in ein seinem Wesen nicht gerechtes System pressen, desto mehr zerstören wir diese Kräfte. Wenn man also von Hundetraining spricht, meint man eigentlich vor allem ein Training für den Menschen, der den richtigen Zugang zum Hund, den richtigen Umgang mit ihm und das Fördern seiner besonderen Fähigkeiten lernen muss. Wer seinen Hund schlecht behandelt, wird auch einen schlechten Hund haben, was dessen Leistungen für uns betrifft.

Ähnlich verhält es sich mit der Intuition. Ich kann die Intuition nicht so „zivilisieren", dass sie sich nahtlos meinem Körper-Geist-Seele-System unterjocht, denn das entspräche nicht ihrem Wesen. Der Gedanke von der Intuition als einem Element unseres Gehirns steht für ein solches Unterjochen. Dahinter verbirgt sich die Vorstellung eines allmächtigen Intellekts, dem sich alles unterzuordnen hat. Wer so denkt und dann noch glaubt, es sei Intuition, was er da manchmal als innere Bilder sieht, wird auch bald abschätzig sagen, dass er von Intuition nicht viel hält – denn das, was er sah und zu spüren vermeinte, war keine Intuition, sondern irgendwelche vom Verstand zusammengepuzzelten Trugbilder. Er hat nicht den der Intuition gemäßen Zugang gefunden und konnte an diese Energie nicht andocken.

Natürlich sagen wir im allgemeinen Sprachgebrauch, „meine Intuition sagte mir…" Intuition wird ja auch zu einer persönlichen Intuition, wenn man richtig an sie andockt. Aber den Unterschied zwischen einem Andocken und einem platten Beherrschenwollen sich grundsätzlich anhand des Hundebeispiels klar zu machen, macht es deutlicher.

Die Katzenmetapher zeigt uns ebenso Typisches für die Intuition: Stellen Sie sich vor, zwei Menschen sitzen im Sommer in der schönen Erdgeschossaltbauwohnung ihrer gemeinsamen Großmutter bei einem Glas Wein in einer gemütlichen Küche und unterhalten sich entspannt, die Oma ist gerade bei einer Nachbarin. Der Eine ist ein junger Spitzensportler mit einem durchtrainierten Körper und einem durch Sport, Yoga und einem anspruchsvollen Beruf schnellen Auge, einer schnellen Wahrnehmung, die für ihn vor allem als Basketballspieler wichtig ist. Der andere ist ein Sportmuffel, trinkt und isst zu viel, interessiert sich nicht besonders für seine Umwelt und hält mit seinem beengten Fokus das Anschauen von Volksmusiksendungen im Fernsehen für kulturelle Höhepunkte. Die beiden sind also recht unterschiedlich, treffen sich aber dann und wann, weil sie verwandt sind und sich auch mögen. Die Tür der Wohnküche zum Flur steht halb offen, ebenso die Tür zum Garten.

Es dämmert. Die Stimmung ist angenehm gedämpft, das Gespräch harmonisch und ruhig. Da jagt plötzlich durch die Tür zum Garten ein Energiebündel wie ein Blitz in den Raum, ein rotierendes Flauschteil. Und fast im selben Moment, wie die Katze in die Küche hereingesaust ist, ist sie auch schon fünf Meter weiter durch die Flurtür entschwunden. Der Ältere merkt stutzend auf: „Äh, war da was?" Sagt sein Vetter, der hellwache Sportler: „Na klar doch, hast du die Katze nicht gesehen?" Nein, der ältere Vetter hat sie in dem kurzen Moment, als sie durchs Zimmer raste, nicht gesehen. Seine Wahrnehmung ist einfach in langer Zeit körperlichen Nichtstuns und mentalen Desinteresses eingerostet und träge geworden. Er hat nur gemerkt, dass da irgendetwas war, eine Bewegung. Sein Vetter dagegen hat genau gesehen, dass es eine süße, noch recht junge Katze war, weiß mit großen, schwarzen Flecken und einem buschigen Schwanz. Seine Wahrnehmungsfähigkeit musste sich dabei nicht anstrengen, denn sie ist durch ständiges Üben geschult, im Verbund mit dem Training seiner Muskeln, seines Herz-Kreislauf-Systems, seiner Reaktionen und auch seines Gespürs dafür, was im Wettkampf im Gegner vorgeht, welchen Spielzug dieser in der nächsten Sekunde vorhat.

Man kann an dieser Stelle ganz banal feststellen: Je mehr Wahrnehmung man besitzt, desto mehr hat man vom Leben. Der Radius und die Tiefe des Erlebens sind stärker, Erlebnisse sprechen einen intensiver an und können dadurch auch in diese oder jene Richtung eher aktivieren, mobilisieren.

Mit der Intuition ist es wie mit der Katze. Je weniger wir uns gezielt auf sie eingestellt haben, je weniger wir Zugänge zur Intuition geübt haben, desto weniger können wir sie wahrnehmen, wenn sie sich mal wieder in ihrer typischen Art zeigt: Blitzschnell, als erster

Gedankenblitz *vor* den nachfolgenden, langsamen, rationalen Überlegungen, taucht sie auf, kann *bei richtiger Wahrnehmung* für einen winzig kleinen Moment sehr intensiv wirken – und ist dann auch schon wieder verschwunden. Da müssen wir ihre Mitteilung schon gut registriert haben. Der Moment lässt sich nicht wiederholen, und fast immer ist auch dieser intuitive Flash der allererste Eindruck, den man bei etwas hat. Je mehr man zuvor verstandesmäßig über etwas nachgedacht hat, desto schwieriger wird es, abwägende Gedanken von intuitiven Botschaften zu unterscheiden.

Eine Ihnen noch fremde Frau ruft sie aus geschäftlichen Gründen an. Beim ersten, zweiten Satz von ihr empfangen Sie ganz plötzlich ein Bild von ihr – sie ist jung, blond, schlank. Schon Sekunden später wissen Sie aber, dass das nicht sein kann. Es muss eine ältere Dame sein, denn ihre Stimme ist sehr tief, etwas knarzig, und ihre Diktion verrät viel Lebenserfahrung, ist fast ein bisschen altmodisch und umständlich. Sie machen einen Termin mit ihr – und treffen ein paar Tage später auf eine junge blonde Frau mit einer ungewöhnlich tiefen Stimme und einer anderen Art zu reden, als es bei Menschen dieses Alters der Fall ist. Der erste, schnelle Flash war die intuitive Botschaft. Das zweite Bild, das nur wenige Sekunden später kam, war bereits die durch die Erfahrungen des Verstandes korrigierte Fassung… Intuition ist immer der erste blitzartige „Gedanke" (ein Gedanke im Sinne von Nachdenken ist die Intuition eigentlich nicht).

Mehr Nutzen durch die Intuition zu haben, hängt also erstens von der richtigen Einstellung und zweitens von einer gut geübten Wahrnehmung ab. Es ist wie beim Basketballturnier: Der Spieler braucht eine gut trainierte Wahrnehmungsfähigkeit, muss sie im komplexen Turniergeschehen blitzschnell und vernetzt einsetzen. Dieser Sportler setzt die klassischen Sinne wie Sehen, Hören, Tasten und Greifen nach dem Ball im Verbund mit einem blitzschnellen Spüren ein. Er weiß oft intuitiv, was soeben im Gegner vorgeht und was dieser nun vorhat. Jeder engagierte Sportler, ob Basketballspieler, Rennfahrer oder Abfahrtsläufer, ist sich bewusst, wie wichtig dieses Spüren ist, dass es nicht nur um einfache „Reaktionen" geht, und wie sich dieses Spüren im Lauf der Zeit durch Training immer mehr verbessert.

Es ist zwar richtig, dass jeder Mensch Intuition „hat", aber dennoch nützt sie ihm wenig, wenn er sich nie gezielt mit ihr beschäftigt hat, aus zwei Gründen:

- Wer das Wahrnehmen und Hineinspüren mit wirklich allen Sinnen und auch in verschiedenen Befindlichkeiten, mal in totaler Wachheit, dann wieder in einer tief entspannten Situation, nicht geübt hat, kann die Botschaften einer nur blitzartig kurz auftauchenden Intuition nicht erfassen.

- Wer das Wahrnehmen nicht aktiv geübt hat, ist wiederum bei der Intuition zur Passivität verdammt. Er kann nur hoffen, dass dieses freundliche Wesen mal wieder vorbeischaut und gute Tipps gibt – aber wann das sein wird, weiß er nicht. Und auch darum ist die Gefahr groß, dass er dann wieder das kurze Aufscheinen der Intuition verpasst.

Wer das Wahrnehmen in verschiedenen Formen intensiv geübt hat, besitzt nicht nur bessere rezeptive, empfangende Antennen, sondern auch bessere aktive Sensoren, kann also peu à peu den Kontakt zur Intuition suchen.

- Intuition aktiv nutzen – das erfordert mehr, als ein bisschen „Bauchgefühl" gut zu finden. Man muss versuchen, ihr Wesen ein wenig zu verstehen.

- Intuition ist wie ein Hund: Gutes Auskommen mit ihr und vor allem einen Nutzen aus ihren Fähigkeiten zu ziehen geht nur, wenn man ihr die Ursprünglichkeit lässt und nicht versucht, sie nach unseren Herrschaftsmustern zu verbiegen.

- Intuition ist wie eine Katze: Sie flitzt so blitzartig auf uns zu und ist, ehe man begreift, was da nun eigentlich war, auch schon wieder weg. Nur wer eine achtsame Wahrnehmung geübt ist, kann ihre blitzschnellen Botschaften erfassen.

- Eine optimale Wahrnehmungsfähigkeit bringt uns zudem von einem passiven Verhalten in die Aktivität – schon dies schafft mehr Glück und Selbstvertrauen.

Egoismus –
ein echter Intuitionskiller

Es gibt Denkweisen und Arten der Lebensführung, die in Sachen Intuition kontraproduktiv sind. Es geht dabei immer um Machtdenken, eine eitle Hybris und die daraus resultierende Unfähigkeit, mitfühlend, vernetzt, ganzheitlich zu denken. Das egoistische Denken ist ein besonders plakatives Beispiel dafür.

Effektiv muss heute alles sein, und das ist es für den Egomanen, wenn er ausschließlich seinen ganz persönlichen Nutzen in den Fokus stellt. Gier frisst Hirn und Herz, heißt die Parole bei vielen Menschen. Allerdings geht die Rechnung langfristig vielleicht nicht auf. Die globale Finanzkrise ab 2008, ausgelöst durch das symbiotische Wirken einer Horde egomanischer Bank- und Finanzleute im Verbund mit Anlegern, die in ihrer Gier nach abnormalen Renditen jegliches Augenmaß verloren hatten, hat gezeigt, dass Ego-Wahn auf Kosten der anderen zwar eine Zeitlang funktioniert, aber nur als Raubbau. Wirkliche Effektivität bedeutet auch langfristige und nachhaltige Wirkung, und die gibt es nur in harmonischen Systemen, in denen das Geben und Nehmen von Materiellem, Gefühlen und Energien ausgeglichen ist. Das mag etwas pathetisch klingen, aber es ist nicht weniger als ein energetisches Gesetz. Durch große Macht oder Anhäufung materieller Güter wird kaum jemand glücklich, man muss hier nur die vielen Multimillionäre im Pop- oder Filmgeschäft mit ihren Süchten und seelischen Zusammenbrüchen nehmen. Egomanie, große Eitelkeit, Gier nach Geld und Macht sind auch die besten Mittel, die Kanäle zu einer fruchtbaren Intuition zu verstopfen.

Die bisherigen Kapitel machten bereits deutlich, dass ein egomanischer Mensch, wenn überhaupt, nur einen völlig verkümmerten Zugang zur Intuition haben kann: Egozentriker können eine systemische Ganzheit nicht verstehen und nachvollziehen. Sie haben keinen Weitblick, weil sie sich nur in sich selbst versetzen können. Sie sind misstrauisch, vertrauen nur ihrem Verstand, ihrem Gefühl bestenfalls bis zur unteren Stufe, dem Instinkt.

Insofern hat eine gute Intuition tatsächlich auch mit der persönlichen Lebenseinstellung zu tun, sogar mit Lebensphilosophie. Wenn wir unsere Lebenseinstellung in die richtige Richtung verändern, verstärkt sich automatisch unsere Intuition – und umgekehrt: Denn wenn man erst einmal gespürt hat, wie großartig es ist, im Alltag mehr Unterstützung und Weitsicht über intuitive Botschaften zu bekommen, tritt eine Lebensfreude ein, die man nicht mehr missen möchte. Mit einem prallen Lebensgefühl und der Offenheit für Gefühle, Inspiration, Intuition kann man gar kein kalter Egozentriker mehr sein, weil die stärker werdende Intuition ja nicht über den trennenden Intellekt, sondern über die verbindenden Energieebenen Seele und Gefühl zu uns kommt. Automatisch verstärkt sich die Gefühlswelt – und die ist mit unserer Seele verbunden, mit unserem eigentlichen Sein.

Es erzeugt Glücksgefühle, wenn sich die Erfahrung verstärkt, dass man in bestimmten Situationen immer öfter richtig handelt, weil man mit guter Wahrnehmung in kurzen, schnellen intuitiven Gedankenblitzen Mitteilungen über Vorgänge erhalten hat, die unmittelbar danach passieren. Das kann ganz einfach der Gedanke sein, dass nun gleich jemand bestimmtes anrufen wird, und kurz danach geschieht genau dies. Das ist nicht immer wichtig, verleiht aber eine gewisse Selbstsicherheit und das Gefühl eines zufriedenstellenden Flows, von dem man sich in seinem Tun getragen fühlt. Es ist ein Flow, der Gegenwart und Zukunft verbindet.

Egozentriker haben mit ihrer Gefühlswelt hingegen erhebliche Probleme. Selbstverständlich haben auch sie eine Gefühlswelt, nur ist die häufig tief im Innern wie in einem Tresor weggesperrt und in viele kleine, separierte Kästchen aufgeteilt. Gesellschaftlich kompatibel ist der Egozentriker dennoch. Intellektuell wendig wie er ist, weiß er, dass es in vielen Situationen gut ankommt, Gefühl zu zeigen, und das kann er auch. Nur ist es dann kein echtes: Man muss genau unterscheiden zwischen Gefühlen, Emotionen oder bloßer Sentimentalität. Gefühle sind etwas Ureigenes, Offenes, sind Ausdruck der Seele, die über die Gefühle mitfühlende Verbindungen nach außen aufnimmt. Bei Emotionen verhält es sich umgekehrt, sie sind Reaktionen auf Situationen, die wir erleben. Das kann auch nur eine herzzerreißende Szene im Film „Titanic" sein, schon kullern die Tränen. Sentimentalität schließlich ist die banale und extrovertierte Lightversion der Emotionen, sie ist eine vorgegaukelte Gefühligkeit, die verschleiert, dass man in Wahrheit auf einer vereisten Gefühlsebene durchs Leben schlittert.

Egoisten haben mit wirklichen Gefühlen nicht viel am Hut, weil sie dann ja ihr vereistes Inneres auftauen müssten, und davor haben sie Angst. Sie greifen, um diesen in manchen Situationen eher peinlichen Umstand zu kaschieren, gerne zum Ersatz zur Sentimentalität. Und sind weit weg von den Zugängen zur Intuition. Menschen mit Gefühlspotenzial dagegen erleben auch viel Intuition, deren Botschaften sich mit der Kraft der Gefühle gut verbinden können. Es kann zu mehr Freiheit und Persönlichkeit verhelfen, weil der Input der Intuition über unser Unterbewusstsein, also unser echtes Selbst-Bewusstsein läuft und damit auch ein gesundes und nicht gekünsteltes Selbstbewusstsein entsteht.

Egomanische Menschen sind einsam. Sie haben materiell oft viel, aber ihnen fehlen intuitive Informationen, das Wissen und das Gespür, an besonderen Vernetzungen anschließen zu können, Vernetzungen, mit denen man nie allein ist und immer im besten Sinne für sich. Der Egoist kann schlecht allein sein und sucht zur Kompensation seiner fehlenden Zugänge zu besonderen Kräften gerne das Bad in der Menge.

Der Egoist ist beileibe kein einzelner böser Mensch. Er entspricht im Zeitalter des Turbokapitalismus sogar perfekt dem Bild des gesellschaftlichen Denkens rund um den Globus. Viele Philosophen fragen sich seit langer Zeit, warum der Mensch auf der einen Seite technisch recht gut vorankommt, immer tollere Erfindungen macht, es aber nicht schafft, sich gesellschaftlich weiterzuentwickeln. Nach wie vor leben wir in allen Kulturen und Religionen einen Dualismus, ein ausgrenzendes Denken, das all die üblen Folgen im Großen wie im Kleinen, von Kriegen, Terrorismus, Folter, Ausbeutung bis hin zum Ehekrach, Betrug und Egomanie nach sich ziehen.

Schauen wir uns nur das neue Jahrtausend an, schauen darauf, wie viele Familien weltweit durch das Verhalten einer Clique gierig-egomanischer Banker und Finanzleute in Not gestürzt wurden oder welche brutalen Rebellenkriege, oft verbunden mit Massenmorden, es gibt, hinter denen häufig die wirtschaftlichen Interessen westlicher Länder stehen; schauen wir auf das Verhalten von nicht wenigen Managern, die für goldene Bilanzen gar zu gerne die Umwelt verseuchen oder Waffen verticken, Schmiergelder zahlen und Steuern hinterziehen, dann sollten wir mit der Behauptung vorsichtig sein, wir hätten uns seit dem Mittelalter weiterentwickelt.

Eine Weiterentwicklung ist erst möglich, wenn dieses ausgrenzende Denken – Voraussetzung für jede Art von Egoismus, Macht und Gier – durch einen neuen, mitfühlenden Konsens aufgelöst wird. Vielen greifen diese Gedanken in einem Buch über Intuition vielleicht zu weit, aber die Zusammenhänge sind vorhanden, und Intuition spielt gerade in wichtigen Lebensthemen eine Rolle. Gesellschaften werden sich allein über staatliche Verordnungen nie verändern, das gloriose Negativbeispiel aus jüngster Geschichte ist sicher der totale Zusammenbruch des Kommunismus, ebenso aber die globale Finanzkrise mit ihren gesellschaftlichen Erosionen.

Wir sollten zu unserem eigenen Schutz und für ein wirkliches Glück im Leben erkennen, dass erst ein Mitdenken jedes Einzelnen uns irgendwann einmal von einem ausgrenzenden, aggressiven Ego-Denken befreit. Das wird sicher noch dauern. Aber wer im Sinne einer solchen Entwicklung jetzt schon seine innere Einstellung ändert und mitfühlend denkt und handelt, der ist kein weichgespülter Mensch, wie Zyniker sagen würden, sondern ein intelligenter Weichensteller. Er handelt nämlich genau nach dem Prinzip, dass die Betrachtung von Einzelaspekten letztlich in Sackgassen führt, hingegen das Erkennen einer guten, systemischen Vernetzung aller Elemente, Energien und auch Menschen das Einzige ist, was zu wirklichem Erfolg und Glück führt. Es wird Zeit, dass mehr Menschen erkennen, dass ein solches Denken kein Samaritertum ist, sondern durchaus einem sehr gesunden Denken entspricht, weil es einem selbst den heiß ersehnten, wunderbaren Flow im Leben bringt. Und gerade in einem solchen systemischen Denken stellt die Intuition eine besonders wichtige Größe dar.

- Egomanie steht konträr zur Intuition, weil große Egoisten sich nur um sich selbst drehen und das Außen nur selektiv, also für ihre Ziele, persönliche Vorteile ohne Rücksichten durchzusetzen, wahrnehmen.

- Egozentriker haben verstopfte Gefühlskanäle, sind bestenfalls zur flachen Sentimentalität fähig. Gefühle sind ein ureigener und ehrlicher Ausdruck der Seele, sie gehören zu den Kanälen, die zur Intuition führen können.

- Egoisten hantieren bestenfalls mit Emotionen – die nur *Reaktionen* auf äußere Geschehnisse sind – oder mit billiger Sentimentalität. Das hat dann nichts mehr mit der Tiefe zu tun, aus der die Intuition zu uns kommt.

- Sich vom Ego-Denken lösen heißt nicht, ein selbstloser Samariter zu werden. Das Lösen vom blanken Ego-Denken bringt uns letztlich viel mehr persönliche Vorteile als die Sackgasse Egoismus: Wir sehen viel weiter, sind offener, fühlen mehr und leben im optimalen Flow, bei dem alles besser gelingt.

Wenn der Intellekt
die Gelbe Karte verdient hat

Wer mehr von seiner Intuition „haben" will, erwartet konkrete Möglichkeiten für eine Verbesserung des Lebens, will mehr „inneres Wissen" bei entscheidenden Fragen aller Art, will Nutzen – zu Recht, denn genau dafür steht die Intuition bereit. Sie wundert sich wahrscheinlich lediglich, dass wir wegen einiger Blockaden nur so selten zu ihr finden.

Eine der größten Blockaden ist neben dem egomanischen Denken eine gewisse gesamtgesellschaftliche Amnesie. Wir sind in geradezu überheblicher Weise stolz auf den Intellekt, aber dabei, das Wichtigste zu verlieren, nämlich den gesunden Menschenverstand. Es ist bei unserem Verstand ähnlich wie bei einem Eisberg: Nur ein Achtel schaut aus dem Wasser heraus, strahlt in blendender Schönheit. Die sieben Achtel, die als gigantischer Brocken im geheimnisvollen Dunkel unter Wasser bleiben, sind die mächtige Basis der schönen weißen Spitze. Unser Intellekt, also der intellektuelle Teil des Verstands, steht für diese wunderbare Spitze. Der mächtige Teil unter Wasser, der die Spitze trägt, steht für unseren gesunden Menschenverstand, der deshalb gesund ist, weil er nicht wie der Intellekt in seiner Hybris für sich allein stehen will, sondern mit unserem Empfinden, unserer Psyche, unserem Milliarden Jahre alten Unterbewusstsein und der Intuition verbunden ist.

Durch diese Vernetzung hatten Menschen mit ihrem gesunden Menschenverstand über Jahrtausende stets ein gutes ganzheitliches Wissen. Auch ohne chemische Analysen wussten die Indianer Nordamerikas ebenso wie die Tiroler Ötzis oder die Ureinwohner Australiens, welche Früchte am meisten Vitamine haben und welche sie meiden sollten. Und es war durchaus nicht immer nur das Trial-and-error-Prinzip, das Wissen brachte, es war inneres Fühlen, intuitives Erfassen. Weil eben gesunder Menschenverstand alles mit allem vernetzt und sich damit den Kontakt zu sämtlichen Informationsebenen vorbehält. Der Mensch lebte mit einer genialen Verknüpfung aus Logik, Wissen, Gefühl, Spürsinn, Informationen aus praktischen Erfahrungen und Intuition. Oft werden alte Kulturen als „primitiv" bezeichnet, bis man erstaunt feststellt, dass sie ganz unerklärliche Leistungen vollbrachten. Unerklärlich sagen wir, weil wir den Intellekt bei intelligenten Leistungen heute so hoch schätzen und uns nicht mehr vorstellen können, dass die perfekte Verknüpfung vieler Kräfte vielleicht noch mehr leisten kann. Es war einfach Wissen da, ohne Raketen und Computer.

Das zeigte sich oft in kleinen Dingen. Als etwa der Nordamerikaner vor vielen Jahrzehnten begann, Vitamine, anfangs vor allem Vitamin C, künstlich herzustellen, lächelten die Ureinwohner darüber und sagten, sie wüssten, dass diese Vitamine bei weitem nicht die Kraft des Vitamins in Früchten hätten. Darüber lächelten nun wiederum die Wissenschaftler, denn die Indianer konnten ihr Wissen nicht beweisen – es war nur ihr inneres Wissen aus den Kanälen der Intuition. Viele Jahre später zeigte sich über moderne Analyseverfahren, dass sie Recht hatten: Natürliches Vitamin C weist kräftigere Molekularstrukturen auf, es wirkt auch im Verbund mit anderen Vitaminen und Pflanzenstoffen effektiver als künstliches Vitamin C und wird besser vom Körper aufgenommen.

Solche Anwendungen der Intuition in alltäglichen Dingen, etwa bei der Frage, ist dieses oder jenes Nahrungsmittel für mich besser, können übrigens auch Sie ohne großes Brimborium praktizieren: Fragen Sie sich beim Einkauf einfach, ist dies gut für mich oder jenes und vertrauen Sie – ohne jedes Nachdenken! – dem ersten blitzartigen Gedanken oder einem Gefühl des Wohlseins oder Unwohlseins, das Ihnen kommt. Der Altmeister der Hypnose, Kurt Tepperwein, der in vielen Büchern über mentale Kräfte schrieb, empfahl hier ein ganz einfaches Hilfsmittel: Man stellt sich bei solchen kleinen Alltagsentscheidungen ganz einfach eine Ampel mit den Farben Rot und Grün vor und ruft bei der Entscheidung etwa beim Einkauf nur ganz kurz die Ampel auf. Kommt sie im unmittelbar folgenden Bild mit grünem Licht, heißt das: „Ja, das ist gut für mich." Bei Rot ist es dann die intuitive Meldung: „Nein, das lassen wir, das passt nicht zu mir oder tut mir nicht gut."

Menschen, die auf den Intellekt als das Maß der Dinge stolz sind und alle anderen Elemente, die sie in sich tragen, in ihre innere Rumpelkammer verbannt haben, wenden an dieser Stelle sicher vieles ein. „Es ist doch logisch, dass..., Studien haben gezeigt, dass..., es ist erwiesen, dass..." – keine Frage, wir können auf unzählige Errungenschaften stolz sein, bei denen intellektuelle Leistungen eine zentrale Rolle gespielt haben, von medizinischen Erkenntnissen bis zu technischen Meisterleistungen. Aber erstens haben bei unzähligen Erfindungen, Entdeckungen und Entwicklungen intuitive Eingebungen eine große Rolle gespielt. Bei der Lösung von Problemen war es nach vielem analytischem Nachdenken nicht das logische Denken, sondern eine geradezu urplötzliche Eingebung, die den Durchbruch brachte. Und zweitens geht es nicht darum, in irgendeiner Art den Intellekt anzuschwärzen. Aber wir sollten ihn nicht als Goldenes Kalb anbeten, sondern endlich sinnvoll in die ganze Palette der Werkzeuge einordnen, die uns zur Verfügung stehen. Speziell für Männer eine Anmerkung: Wenn Sie dabei das Wort Intuition nicht so mögen, nennen Sie es doch einfach Querdenken.

Egal, wie man es nennt: Menschen, die nicht die ganze Palette benutzen, sind arm dran. Es sind die Menschen, die Probleme mit ihrer Gefühlswelt haben, die glauben, sie müssten geradezu verbissen jede Entscheidung logisch begründen – es bleibt ihnen ja nichts anderes übrig, weil sie keinen Kontakt mehr zu ihren anderen Kräften haben. Die „Kopfmenschen" leiden an sich, weil sie mehr und mehr aus ihrer Mitte fallen. Beim Thema Intuition geht es schließlich nicht nur um ein bisschen Bauchgefühl hier und etwas Inspiration dort. Es greift viel weiter: Wenn wir durch die richtige Einstellung und etwas Übung unsere Antennen sozusagen perfekt auf Empfang gestellt haben, profitieren wir ständig vom Anschluss an eine große, natürliche Vernetzung im immateriellen Bereich. Wir bekommen die richtigen Botschaften, ein Wissen, das nicht durch mühsames Nachdenken entsteht, sondern uns zufliegt, wir fühlen Urvertrauen und leben im Sein.

Vertrauen wir hingegen nur dem Intellekt, also nur der Spitze des Eisbergs, leben wir instabil. Das intellektuelle Ich ist klug, weiß zu argumentieren, zu diskutieren, Fakten zu sezieren, ist aber dann ein isoliertes Segment ohne wirkliches Selbstvertrauen, bestenfalls mit Ichvertrauen: Man ist nicht geerdet, nicht mit dem Ganzen verbunden. Man lebt sein Leben als ständige Kopfgeburt, abgeschnitten von allen anderen energetischen Verbindungen.

Ein verkopfter Mensch muss sich natürlich immer wieder aufs Neue von der Richtigkeit seiner Handlungen überzeugen. Er fällt dann schon bei ganz alltäglichen Vorgängen wie dem täglichen Einkauf verunsichert aus seiner Mitte, weil er im abgeschotteten Intellekt keine intuitiven Botschaften erhalten und darum sich selbst nicht vertrauen kann. Kennen Sie diese Leute, die ihren Sinnen nicht recht trauen, die beim Kauf eines neuen Fernsehgerätes statt im Laden die Bildschirme zu vergleichen ausschließlich nach Werten in Testberichten gehen? Oder die nicht mehr in der Lage sind, ihrem eigenen Gefühl zu trauen, und darum von ihrem Arzt oder der Wellness-Zeitschrift gesagt bekommen müssen, welche Sportart ihnen guttäte? Oder die, die erst dann Obst essen oder nicht oder Milch trinken oder nicht, wenn sie von Studien erfahren haben, dass es gesund ist oder nicht? Wenn dann eine andere Studie „beweist", dass Milch für den menschlichen Verdauungsapparat eigentlich ungeeignet ist, wird das Milchtrinken ganz schnell wieder aufgegeben. Besser wäre es, auf Signale aus dem eigenen Körper zu hören. Sonst kann man in aller intellektuellen Klugheit zum Fähnchen im Wind werden, sonst kappt man gründlich seine eigentlichen Wurzeln.

In ganz frühen Zeiten hatte der Mensch noch wenige intellektuelle Erkenntnisse, lebte aber in einer guten Vernetzung. Das Unheil begann erst vor einigen tausend Jahren, als sich der Intellekt im Menschen mehr und mehr entwickelte, sich aber nicht sinnvoll in diese Vernetzung integrierte, sondern allmählich durchsetzte, indem er die anderen Elemente des Verstands an den Rand drängte. Der Intellekt profilierte sich brachial, indem er sich nicht harmonisch mit seinen Brüdern und Schwestern vernetzte, um gute Lösungen zu finden, sondern indem er Stück für Stück das Eine vom Anderen trennte und ausgrenzte, wobei er immer mehr ins Detail ging und sehr stolz darauf war, schließlich alles zerlegt und die Einzelteile minutiös analysiert zu haben. Der Mensch hat das selbst zugelassen und war schließlich so stolz auf dieses neue Konzept, das ihn über die komplette restliche Natur zu erheben schien, dass er den Fortschritt, nämlich den analysierenden, betrachtenden Intellekt nicht als guten Zusatz in seine Systeme einbaute, sondern diese zu großen Teilen über Bord warf.

Wie wir diese Situation ändern können? Wenn Sie Ihre Intuition nicht nur spielerisch-zufällig erleben, sondern intensiv nutzen wollen, müssen auch Sie etwas über Bord werfen – nämlich dieses Denken. Das nicht-systemische, nicht-vernetzte Denken ist die größte Blockade auf dem Weg, die Urkraft Intuition zu spüren und zu nutzen.

Spricht man von immateriellen Energien und Vernetzungen, wird man oft leichtfertig in eine naive esoterische Ecke geschoben. Damit noch klarer wird, dass ein ausschließlich intellektuelles Denken letztlich in eine Sackgasse führt, schauen wir uns an, wie viel Anteil an diesem Denken auch die Wissenschaft hat – die sich schließlich neuerdings häufig mit Intuition beschäftigt.

- Es geht nicht um ein Entweder-oder: Den Intellekt zu geißeln, wäre Unsinn, er hilft uns bei vielen Dingen.

- Es geht darum, den Intellekt richtig einzuordnen; zu begreifen, dass er in abgegrenzten Bereichen gewaltige Fortschritte ermöglicht, aber auf der Metaebene versagt – vor allem, wenn er nicht mit anderen Energie-Ebenen kooperiert.

- Wenn wir ausschließlich auf den Intellekt vertrauen, werden wir „verkopft" und unsicher. Unsicher, weil wir keinen guten Zugang zum Unterbewusstsein und von dort zur Intuition haben, uns somit das innere Wissen fehlt und wir deshalb ständig auf „beweisbare Fakten" von außen angewiesen sind.

- Für den viel weiter greifenden Bereich des Urwissens, der Urkräfte, gibt es den Begriff des gesunden Menschenverstands. Man würde – stünde man vor der Wahl – besser ohne Intellekt und mit gesundem Menschenverstand leben als ohne gesunden Menschenverstand und nur mit dem Intellekt. Denn bei der letzten Lösung fällt man mit aller verstandesmäßigen Klugheit ins Bodenlose – weil einem das Fundament fehlt.

Warum die Wissenschaft nicht alles weiß

Hand aufs Herz: Sind Sie nicht auch in vielen Lebensbereichen verunsichert, was für einen selbst nun gut ist und was nicht? Schauen Sie nicht auch vor allem im Bereich Gesundheit auf Studienergebnisse und Testberichte – und handeln danach? Wieviel Joggen ist wirklich gesund, darf ich im August in der Sonne liegen, wie viel Bier oder Wein kann man relativ schadlos trinken, ist Tee oder Kaffee besser, auf welche körperlichen Zeichen muss ich bei meinem Kind achten, um zu wissen, ob es hyperaktiv ist oder nicht?

Im Frühherbst 2008 gab es in Deutschland einigen Wirbel um einen Buttertest der „Stiftung Warentest". Da wurde die Butter einer renommierten Biomolkerei in Süddeutschland mit schlechten Noten bewertet, weil sie nicht genügend Milchsäurebakterien enthalte, die für die Qualität von Butter jedoch sehr wichtig seien. Die Molkerei fuhr Gegengutachten auf, die tatsächlich belegten, dass diese Bakterien nur bei der Herstellung der Butter eine Rolle spielten, keineswegs aber für Qualität, Geschmack oder Haltbarkeit, und gewann rasch die erste Prozessrunde.

Mögen sie endlos weiterprozessieren – uns sollten solche Vorgänge zeigen, dass es auch bei den besten Fachleuten keine letzte Instanz gibt. Ganz einfach deshalb, weil in Wissenschaft und Forschung zwar einerseits viele wertvolle Erkenntnisse generiert werden, andererseits aber – und darüber wird ungern geredet – jede Menge Irrwege eingeschlagen werden, die dann später oft genug revidiert werden müssen.

So ist eine oft reichlich kritiklose Wissenschaftsgläubigkeit in unserer modernen Gesellschaft, von der wir alle vielleicht ein wenig infiziert sind, durchaus problematisch, denn sie nimmt uns unsere Selbstbestimmung und blockiert vieles.

Wissenschaft kann großen Nutzen bringen, Wissenschaftsgläubigkeit jedoch zu wachsender Verdummung, Unselbstständigkeit und Verunsicherung führen. Denn sie führt erstens dazu, dass eigenes Denken, eigenes Fühlen und Selbstverantwortung aufgegeben werden und zweitens versperrt sie den Blick auf alle anderen, viel grandioseren Möglichkeiten, die wir nutzen können. Wenn wir nicht mehr selber fühlend wissen, welche Gesichtscreme taugt und wie wir mit unserem Kind umgehen sollen, sondern vor dem Handeln erst wissenschaftliche Studien und psychologische Ratgeber lesen müssen, wenn wir nicht mehr das innere Wissen haben, welche Apfelsorte und Sportart für uns richtig ist, dann ist Alarmstufe Rot angesagt. Denn dann drohen wir aus unserer stabilen Mitte zu kippen, weil wir den Zugang zu unserer archaischen inneren Kraft, der Intuition, verloren haben.

Dabei hätten wir guten Grund, „die" Forschung und Wissenschaft differenzierter zu sehen und eine naive Wissenschaftsgläubigkeit abzulegen. Man kann in vielen Fällen zeigen, wie wir uns mit einer guten, neuen Entwicklung oder intellektuellen, meist naturwissenschaftlichen Erkenntnisen gleich zehn neue Probleme geschaffen haben. Es gibt unzählige Beispiele dafür, dass die Naturwissenschaften sozusagen als oberste Schiedsstelle darüber, was richtig ist und was falsch, im Brustton der Überzeugung Behauptungen vertreten haben, die sich später als falsch herausstellten.

Manche Irrtümer der Naturwissenschaften wirken aus heutiger Sicht eher kurios, wenn man etwa daran denkt, wie 1804, als in England die erste Eisenbahn fuhr, renommierte Mediziner heftig gegen das neue Verkehrsmittel protestierten, weil sicher sei, dass Geschwindigkeiten von über 30 Kilometer pro Stunde beim Menschen erst zu Schwindel und dann zum Tod führen würden. Eher lustig auch die Legende vom Spinat, der so gesund sei, weil er sehr viel Eisen enthalte, dabei enthält jede Schokolade mehr Eisen bei gleichem Gewicht – man hatte einfach über Jahrzehnte nicht bemerkt, dass sich die Werte von trockenem Spinat nicht mit denen von frischem vergleichen lassen. Ein geradezu grotesker wissenschaftlicher Fehler führte dazu, dass um das Jahr 1900 Heroin als Hustenmittel für Kinder gepriesen wurde, und gleichfalls gar nicht mehr lustig ist die bis vor kurzem einmütig und teilweise immer noch vertretene Erkenntnis, man müsse Frauen in den Wechseljahren hohe Hormongaben verabreichen: Abertausende Frauen, die über lange Zeit die Östrogene einnahmen, erkrankten an Embolien, Schlaganfällen und häufig auch an Brustkrebs.

Da darf man vielleicht schon anmerken, dass Forschung sehr viel, aber nicht immer nur Gutes gebracht hat. Hinsichtlich der Intuition stehen gleich mehrere Probleme im Raum:

- Erstens ist das oft noch vorherrschende Prozedere in der Forschung, dieses vernarrte Analysieren von Details, ohne das Ganze zu sehen, kontraproduktiv, weil Intuition so vielleicht irgendwann in Teilen analysierbar, dadurch aber nicht begreifbarer wird. Denn Intuition ist gegenteilig angelegt: Sie „denkt" absolut ganzheitlich, nur so ist es ja möglich, dass sie Informationen von überall holt, perfekt miteinander kombiniert und in rasender Geschwindigkeit zur richtigen „Aussage" kommt.

- Zweitens beschäftigen sich bislang alle Testreihen, von denen zu hören war, immer wieder nur mit der Frage, ob Intuition zu besseren Entscheidungen führen kann. Außer Acht gelassen wird hier nicht nur, dass ohnehin jeder angeblich rein intellektuell getroffenen Entscheidung noch weitere Einflüsse vorausgingen, sondern auch, dass eine verstärkte Intuition uns weitaus mehr als nur Hilfe bei Entscheidungen bringt: dass sie auch zu einem stärkeren Selbst-Bewusstsein führt, weil man mehr den Dingen, die man „aus sich heraus weiß" vertraut und nicht nur externen Forschungen.

- Drittens: Es ist nicht sehr sinnvoll, die Intuition erforschen zu wollen, wenn man gleichzeitig mit einer gewissen Sturheit stets behauptet, auch die Intuition ginge vom Gehirn aus. Eigentlich müsste die Beweislast umgedreht werden: Forscher müssten beweisen, dass die Intuition tatsächlich ausschließlich im Gehirn entsteht und es keine anderen Einflüsse und Vernetzungen gibt. So wie ja auch einst bewiesen war, dass die Erde der Mittelpunkt des Universums ist...

• Viertens: Es nützt uns wenig, wenn Forschung sich viele Jahre nur damit beschäftigt, *dass* es einen positiven Einfluss der Intuition bei Entscheidungen gibt, wenn uns dies doch längst klar ist und wir lieber wissen wollen, *wie* wir die Kräfte der Intuition in uns verstärken können. Oder würde es Ihrem Wohlbefinden helfen, wenn Sie, bevor Sie Ihren Körper für tolle Sportarten nutzen können, erst noch jahrelange Forschungen darüber abwarten müssten, ob gut trainierte Muskeln denn auch wirklich nützlich sind? Ist es nicht besser, sie einfach zu trainieren, um ein schöneres Lebensgefühl und mehr Gesundheit zu haben?

Der Vergleich hinkt nicht. Der Unterschied ist nur, dass ein Muskel ein materielles Gerät zur Energieentfaltung ist, die Intuition ein immaterielles. Wobei auch die Grenze zwischen Materiellem und Immateriellen vom Menschen willkürlich gezogen werden musste, damit er überhaupt eine Chance hat, einen Zipfel des Universums zu begreifen – die Natur, die Schöpfung setzt hier ganz sicher keine Trennungslinie, sie braucht keine solchen Hilfskonstruktionen, weil sie in ihrer großen Intelligenz auf allen Ebenen perfekt zusammenarbeitet. In beiden Fällen, bei der Intuition wie auch der Muskulatur, geht es ganz einfach um Systeme, die viel Lebensenergie freisetzen können, und zwar umso mehr, je pfleglicher und aufmerksamer wir sie behandeln.

Natürlich kräuseln sich bei einer so direkten Sicht der Dinge im Elfenbeinturm der Wissenschaften so manche Stirnfalten. In diesem Elfenbeinturm hat man es gerne etwas komplizierter, damit es auch ein Elfenbeinturm bleibt. Zum Glück beeindruckt das vielleicht uns Menschen, den Rest der Natur eher weniger. Würden sich etwa Tiere an alle Erkenntnisse wissenschaftlicher Studien halten, bräche in der Natur ein wahres Chaos aus, weil nichts mehr funktionieren würde. Eine Hummel zum Beispiel wäre nach physikalisch-flugtechnischen Gesetzen über lange Jahre leider zu dem vernichtenden Ergebnis gekommen, dass sie überhaupt nicht fliegen kann, weil bei ihr die Relation zwischen dem dicken Moppelpelzkörper und den viel zu kleinen Flügeln nicht stimmt.

Seltsam nur, dass sie trotzdem fliegt, ebenso wie viele andere Insekten, bei denen die Wissenschaft über Jahrzehnte sagte, geht ja gar nicht. Erst seit wir Hochgeschwindigkeitskameras haben, ist das Rätsel aufgeklärt: Die zeigten, dass die geniale Natur das Problem der kleinen Flügelflächen bei der Hummel mit abenteuerlichen, rasend schnellen Verdrehungen der Flügel löste, die spezielle Wirbel für den Auftrieb erzeugen. Man hat also wieder einmal viel zu sehr an einem Detail herumgedoktert – nämlich der flugmechanischen Frage, ob die Flügelfläche im richtigen Verhältnis zum Gesamtgewicht steht – und andere Gegebenheiten nicht erkannt. „Insekten können nicht fliegen, gemäß den konventionellen Gesetzen der Aerodynamik", schrieb noch 1996 der Wissenschaftler Charles Ellington in der US-Zeitschrift „Nature". Exemplarischer könnte man das Problem einer Wissenschaft, die die Dinge nur aus einem Blickwinkel, von einer Disziplin aus betrachtet, nicht zeigen.

Mit einem solchen Vorgehen kommt man der Urkraft Intuition nicht näher. Intuition lässt sich in keinen Käfig sperren, keinem Körperorgan exklusiv zuordnen. Die bisherigen Untersuchungen – eine etwa beschäftigt sich mit der Frage, ob man mit Intuition den „besseren" Gebrauchtwagen kauft als ohne – kommen einem Phänomen keinen Schritt näher, das unser Leben fundamental verbessern kann, uns bei Entscheidungen hilft und zudem zu mehr Selbstverantwortung, Authentizität, Glück und Erfolg führen kann.

Viele Menschen von großem Verstand beschäftigten sich in vergangenen Jahrhunderten mit der Frage, wie wichtig es ist, die Dinge in ihrer Ganzheit, in ihren Vernetzungen zu erkennen. Johann Wolfgang von Goethe (1749–1832) war ein Paradebeispiel für einen Menschen, der geradezu extrem nahe an der Intuition war, der ohne Ende kreativ war, von Inspiration, Eingebungen, von einem inneren Wissen beseelt war, welches weit über jeglichem Schul- und Universitätswissen stand, der aber dennoch kein Traumtänzer war. Mit Vehemenz widersetzte er sich als Naturforscher der Farbenlehre von Isaac Newton, nach dessen Theorie Licht in Einzelteile zerlegt werden kann und Farben in diesem Sinn einzelne Bestandteile des Sonnenlichts sind, die durch unterschiedliche Wellen definiert werden können. Goethes Ansatz war dagegen, dass Farben nicht durch Lichtzerlegung sichtbar werden (also durch sezieren), sondern durch ein harmonisches Zusammenwirken von Licht und Finsternis (also durch ein Zusammenfügen, eine Vernetzung) erlebbar sind. Goethe sah Farbe eher als Empfindung denn als eine physikalische Erscheinung, die mit mathematischen und physikalischen Formeln auseinandergenommen wird. Die heutige Quantenphysik bestätigt, dass Licht eine Einheit ist und nicht aus Teilchen besteht, man kann Licht demnach höchstens in experimentellen Tricks teilchenartig erscheinen lassen.

Goethe lehnte ein mechanistisches, materialistisches Weltbild der Naturwissenschaften leidenschaftlich ab und akzeptierte sie keineswegs als höchste Instanz. Stattdessen hatte er ein Weltbild, in dem er die Elemente miteinander verbunden, sich bedingend und in ihrer komplexen Struktur als Ganzheit wirken sah. In diesem Sinn hoffte Goethe auf eine ganzheitliche Naturwissenschaft und warnte geradezu visionär vor einer Übermacht der Apparate, deren Ergebnissen man sich brav unterordnet. Goethe hielt dagegen, der Mensch sei doch selbst „der größte und genaueste physikalische Apparat, den es geben kann".

Das ist rund 200 Jahre her – und noch immer trauen wir diesem wunderbaren Apparat Mensch nicht genug, noch immer sezieren wir und glauben erst dann diesem oder jenem Einzelaspekt, wenn er über komplizierte Experimente, Methoden, Apparaturen, spezielle Computer nachweisbar, messbar, beweisbar gemacht wurde. Als müsse die materielle und immaterielle Natur sich dem Menschen beweisen. Als sei es nicht so, dass die Kräfte dieses Kosmos mit all seinen Energien und Vernetzungen viel wirksamer sind als unsere paar Testmethoden. Als wäre es nicht besser, etwas Demut vor diesen Urkräften zu zeigen und von dieser Haltung ausgehend zu forschen. Als wäre es nicht wirklich klug von uns, diese Kräfte, die sich uns beispielsweise in der Intuition anbieten, zu nutzen.

Manches ist vielleicht sogar schlimmer als zu Goethes Zeiten: In unserer säkularisierten Welt wurden die Wissenschaften fast zu einer Ersatzreligion. Viele trauen den Kirchen nicht mehr, ebenso wenig Politikern: Die Einen fliehen häufig in eine zuweilen abgefahrene Pseudospiritualität, andere suchen Heil und festen Halt in der Wissenschaft mit ihren vermeintlich verlässlichen Studien – auch wenn diese sich oft total widersprechen oder hernach sich als grundfalsch herausstellen.

Ende des Zweiten Weltkriegs erkannte man in den USA wissenschaftlich, dass bei Frühgeborenen das Zuführen von Sauerstoff nützlich sei, was man recht spät – als bereits tausende Frühchen an der falschen Behandlung das Augenlicht verloren hatten – als Irrtum erkannte. Spätestens wenn wieder ein schrecklicher Arzneimittelskandal wie der Conterganskandal oder Anfang des neuen Jahrtausends der um den Lipidsenker Lipobay aufkommt, sollten wir uns in Erinnerung rufen, dass es Wissenschaftler sind, die Arzneimittel entwickelten und über wissenschaftlich „perfekte" Studien für unbedenklich erklärten und dass daraus gefolgert werden darf: Auch die Wissenschaft irrt häufig. Sie ist kein Ersatzgott, sondern sollte sich mehr bemühen, ganze Zusammenhänge zu begreifen.

Letzteres meint auch ein prominentes Mitglied seiner Zunft. Harald Lesch dürfte seit Beginn des 21. Jahrhunderts der bekannteste Professor Deutschlands sein. Der Astrophysiker der Universität München ist mittlerweile durch zahlreiche Fernsehsendungen zu Wissenschaftsthemen bekannt und geradezu ein Genie in der Disziplin, komplexe physikalische wie auch philosophische Themen zu erklären und ihre Verknüpfungen aufzuzeigen. In einer mehrteiligen Sendung über die Funktionsweisen der Elemente auf der Erde machte auch er die Notwendigkeit einer ganzheitlichen Sicht deutlich. Er beschrieb den Zuschauern etwa sehr anschaulich, wie viele Stoff- und Energiekreisläufe seit Milliarden Jahren unseren Globus bestimmen, wie perfekt eine systemische, vernetzte „Selbstorganisation auf unserem Planeten" arbeitet.

Lesch, der auch die renommierte ZDF-Sendung „Abenteuer Forschung" moderiert, fordert von den Wissenschaften ein Umdenken. Er moniert die Trennung in Einzelwissenschaften, hier die Physik für die unbelebte, dort die Biologie für die belebte Materie, alle Disziplinen seien untereinander „recht sprachlos". Die Natur und die Elemente würden jedoch keine Grenzen kennen, „das Ganze ist ein System". Man müsse zwar Details kennen, aber eben auch wissen, „wie die Dinge zusammenhängen". Lesch zu den Elementen, die die Erde bestimmen: „Man muss das ganze System anschauen anstatt nur die Details. Wir leben wie in einem riesigen Organismus, bei dem die Teile miteinander kommunizieren."

Da kann man nur applaudieren. Jedes Wort gilt auch uneingeschränkt für unsere Kommunikation mit der Intuition. Mit dem richtigen Zugang zur Intuition schaffen Sie das geistige Band zu einem Netz, das weiter und in jeder Beziehung gewinnbringender ist als alles, was Sie das kleine Wörtchen „Bauchgefühl" vermuten ließ. „Es gibt mehr Ding' im Himmel und auf Erden, als eure Schulweisheit sich träumen lässt" heißt es in Shakespeares „Hamlet". Um an diese Dinge anzuknüpfen, ist die quasi in allen Räumen und Dimensionen blitzschnell bewegliche Intuition ein guter Helfer.

- Die Wissenschaft hat uns viele nützliche Erkenntnisse gebracht – es geht keinesfalls um eine ausgrenzende Wissenschaftsschelte, sondern um die richtigen Relationen; um die Einsicht, dass sich nicht die Schöpfung der Wissenschaft beweisen, sondern die Wissenschaft sich stückweise und demütig um Erkenntnisse dessen, was seit Millionen und Milliarden Jahren ist, bemühen muss.

- Für die richtigen Relationen sollte man auch zugestehen, wie oft Forschung auf fatale Weise geirrt hat.

- Vom Ansatz her hat die Naturwissenschaft mit ihren vielen segmentierten Disziplinen bis heute das Problem, teilend vorzugehen, extrem ins Detail zu gehen, dort sicher oft Beachtliches zu analysieren, häufig jedoch die Abläufe im Ganzen nicht mehr im Auge zu haben.

- Auch bei der Intuition ist es so: Hirnforscher sehen eine Intuition eben nur im Gehirn.

- Man muss der Wissenschaft nicht grundsätzlich misstrauen, sollte sich aber eine gesunde Kritikfähigkeit und das Vertrauen in sein eigenes Fühlen und Spüren, in seine Intuition erhalten, um seine Authentizität und Selbstbestimmung leben zu können – und zu besseren Entscheidungen zu gelangen.

Intuition und das „Law of attraction"

Wer in Probleme, gar Lebenskrisen rutscht, braucht sich nicht zu schämen. Alles gerät mal in eine Krise. Der Punkt ist nicht, dass man in eine Krise gerät, sondern was dann passiert. Fallen darfst du, sagt ein alter Spruch, nur aufstehen musst du wieder. Ein Auf und Ab ist völlig normal, man darf nur nicht aufgeben.

Derzeit ist es auch angesagt, sich fallen zu lassen. Am besten in den nächsten Sessel. Aus dem muss man dann nicht mehr aufstehen, weil wir neuerdings das Schlaraffenland haben, in dem uns die gebratenen Gänse nur so ins Maul fliegen. Law of attraction, LOA, Gesetz der Anziehung, heißt die moderne Zauberformel für den Erfolg, der im wahrsten Sinne des Wortes einfach vom Himmel fällt. Bei LOA in seiner populären Form, nämlich bei den „Wünschebüchern", geht es darum, dass man alles, was man erreichen will, alles, was man braucht, als Wunsch ans Universum schickt, und schon wird alles von selber Realität. Das funktioniert, sagt man, weil das Universum eine solche Fülle zu bieten hat, dass jeder auf dieser Erde das bekommen kann, was er will. Wichtig ist nur, dass ich meinen Wunsch an den Kosmos gedanklich klar und unmissverständlich formuliere, denn ich bekomme immer exakt das, was ich mir gewünscht habe. Ganz einfach nach dem „Gesetz der Anziehung", wonach intensive Gedanken und Wünsche die entsprechende Realität automatisch anziehen.

Für viele Menschen ein faszinierendes Modell, die Absatzzahlen der Bücher zeigen, wie groß der Bedarf an einer derart einfachen Lebenshilfe ist. Zeigen sie auch, dass dieses supereinfache Wünscheritis-System funktioniert? Bei LOA bildeten sich, wie zu erwarten, zwei Lager: Die einen lehnen die positiven Wünsche an den Kosmos als Quacksalberei total ab, die anderen sind Feuer und Flamme dafür.

Das Gefährliche am „Law of attraction" ist, dass tatsächlich „was dran" ist, dass es aber letztlich doch nicht funktionieren wird; schlimmer noch, dass viele Menschen in noch größere Probleme als zuvor fallen können. Ganz einfach, weil einzelne Elemente, deren sich das Wünsch-dir-einfach-was-Prinzip bedient, durchaus schlüssig sind, das Ganze dann aber in eine problematische Wundertüte gesteckt wird, die heißt: Du brauchst an dir selber nicht zu arbeiten, wünsch dir einfach alles, was du brauchst, vom Kosmos, und es wird so kommen. Ein Porsche gefällig? Wünsch ihn dir und warte…

Das Prinzip ist uralt. Es bedient sich verschiedener tatsächlich vorhandener Energien, die man im Sinne der notwendigen Ganzheit auch unbedingt nutzen sollte. Zum Ersten geht die Wünscheritis in Richtung Kosmos auf das Positive Denken zurück, das schon vor gut 100 Jahren von dem Franzosen Emile Coué verbreitet wurde. Dieses positive Denken läuft über stereotype Autosuggestionen, die man sich täglich immer und immer wieder innerlich vorsagt. Das funktioniert selbstverständlich eine Zeitlang, es ist nichts anderes als eine Botschaft an das eigene Unterbewusstsein, eine Art Selbsthypnose. Die starke gedankliche Vorstellungskraft sollte aber von einem Ausgangspunkt ausgehen, der Realitäten entspricht, um von hier aus das Erreichen von guten Zielen auf realer Basis anzugehen. Im klassischen Positiven Denken jedoch soll man sich einfach den Spruch „Mir geht es von Tag zu Tag in jeder Hinsicht besser und besser" an den Spiegel kleben – eine irreale Angelegenheit, wenn ich heute morgen einen Autounfall hatte, am Mittag der Chef mich feuert und am Abend meine Frau mich verlässt. Hier muss die reale Situation schonungslos betrachtet und als Startpunkt gesetzt werden, *erst dann* kann man sich Ziele setzen, die über gedankliche Vorstellungskraft in einer Unterbewusstseinsarbeit wesentlich schneller erreicht werden können. Und weiter sollte man sich konkrete Ziele zu einem konkreten und einigermaßen realistischen Zeitpunkt setzen statt sich zu wünschen, morgen Bundeskanzler zu sein.

Dass Gedanken grundsätzlich energetische Wirkung haben, steht außer Frage. Dies umso mehr, je fokussierter sie dem Unterbewusstsein – als Vorstellung, nicht als intellektueller Gedanke – vermittelt werden. Das ist längst auch von Naturwissenschaftlern nachgewiesen. Wir haben über die Kraft der Gedanken tatsächlich wirkungsvolle Kanäle in alle Richtungen. Wie es in den Wald hineinruft, so schallt es heraus, sagt der Volksmund, und dieses Gesetz von Ursache und Wirkung funktioniert auch im immateriellen Bereich der Gedanken.

Du bist, was du denkst: Welche unglaublichen Kräfte man über Gedanken entwickeln kann, zeigen die Hypnose und ihre kleine Schwester, die Selbsthypnose, die Autosuggestion, das Autogene Training und andere Formen der Tiefenentspannung, die uns in einen Zustand führen, in dem ohne Einmischung des Verstandes eine direkte Verbindung mit unserem Unterbewusstsein möglich ist. Sie können allein schon mit dem Autogenen Training viel bewegen, können innerhalb kürzester Zeit Stress abbauen, fühlen sich nach wenigen Minuten so entspannt und erfrischt, als hätten Sie einige Stunden Schlaf gehabt, können sich in dieser Tiefenentspannung sogar gezielt auf positive Abläufe bei bestimmten Terminen am nächsten Tag einstellen. In der Hypnose wird im Prinzip nichts anderes gemacht als beim Autogenen Training, nur dass ein Therapeut dabei ist, der ein wenig führt, bei neuen Vernetzungen, die man sich selbst im Unterbewusstsein schafft. Der Hypnosetherapeut hat etwa die gleiche Funktion wie ein Trainer, den man für die ersten Tennis- oder Skistunden nimmt: Der Trainer oder Lehrer gibt Tipps, dabei führt man aber von Anfang an selbstverständlich den Schläger selber, hat seine Ski an den Füßen. So entstehen Kraft und inneres Bewusstsein – man kann sagen: Ich habe selbst aktiv dazu beigetragen, dass ich das hinkriege. Deswegen ist Hypnose so effektiv, und man kann damit Probleme ganz verschiedener Art in sehr kurzer Zeit auflösen. So wie man den Tennisschläger selbst führt, gibt man selbst Vorstellungen an das Unterbewusstsein weiter.

Zum Zweiten geht man in einer seriösen Hypnosetherapie immer vom Ist-Zustand aus, um dann in der Kommunikation mit dem Unterbewusstsein Formeln für den Ziel-Zustand zu geben. Damit hat man eine realistische Basis, auf der die Kräfte des Unterbewusstseins stärker wirken, jeder rein intellektuell gefasste Vorsatz ist dagegen eine dünne Suppe. Mit der Unterstützung von Hypnose heilen Knochenbrüche um bis zu 30 Prozent schneller, werden bei psychischen Problemen große Erfolge erzielt, werden Zähne ohne Betäubungsspritze gezogen, lösen sich Panikattacken auf, sogar bei schweren Krankheiten kann sie helfen. Ohne Chemie, ganz auf dem zielgerichteten energetischen Weg über die Kräfte und Vernetzungen des Unterbewusstseins.

In der Hypnose wie der Selbsthypnose bis hin zum Autogenen Training wird das mentale Training mit dem aktiven Tun im Wachzustand verbunden. Das heißt: Wer über Hypnose Krankheiten oder körperliche Probleme bewältigen, zum Beispiel leichte Lähmungserscheinungen im Bein nach einem Unfall beseitigen will, bekommt den guten Rat, die innere Wirkung über das Unterbewusstsein mit einer äußeren Wirkung zu unterstützen, nach dem alten Motto: wie innen, so außen. In unserem Beispiel wären das konzentriert-entspannte Gehübungen. Oder wer sich über Hypnose das Rauchen abgewöhnen will, tut sich leichter, wenn er das mit aktiven, bewussten, genussvollen Waldspaziergängen verbindet – dann geht die Botschaft nach innen: Aha, auch der Körper macht mit, er signalisiert Freude darüber, dass er frische statt nikotinverseuchte Luft bekommt.

Das aktive, auf die Realität bezogene Handeln in Selbstverantwortung gehört einfach dazu, damit mentale Ebenen bis hin zu einem optimalen Zugang zur Intuition „funktionieren" – und darum finden Sie in diesem Buch Intuitionsübungen in Tiefenentspannung (auf der CD, für den mentalen Weg) wie auch Übungen im realen Alltag. Dadurch entsteht ein sich gegenseitig animierender Effekt. Der große griechische Tragödiendichter Euripides (480 – 406 v. Chr.) drückte die Notwendigkeit der tätigen Selbstverantwortung im Zusammenspiel mit der Hilfe geheimnisvoller großer Energien so aus: „Erst handle, dann rufe die Götter an. Dem Tätigen fehlt auch die Hilfe der Gottheit nicht." Etwas lapidar sagt bei uns der Volksmund: „Hilf dir selbst, so hilft dir Gott."

Im Unterschied zu Hypnose und Selbsthypnose geht das einfache positive Denken – auf dem das „Law of attraction" basiert – zwar auch den Weg über das Unterbewusstsein, aber ohne sich mit der Realität des Menschen zu beschäftigen. Ebenso, wie es Coué mit seinem Satz „Mir geht es von Tag zu Tag in jeder Hinsicht besser und besser" tat. Nochmals der Eintrag ins Stammbuch der LOA-Anhänger: In einer selbstverantwortlichen Mentalarbeit fixiert man klar den Ist-Zustand und setzt sich ein Ziel, etwa, was man zu einem bestimmten Datum erreicht haben wird. Das Ziel kann hoch gesteckt sein, muss aber noch Realitätsbezug haben, ein Siebzigjähriger sollte sich nicht wünschen, die Tour de France zu gewinnen. Alles andere hat nichts mit Selbstverantwortung zu tun und ohne diese, ohne aktives Zutun erreichen wir keine wirklichen Veränderungen und fallen dann erst recht frustriert in ein Tief.

Das ist der Knackpunkt beim „Law of attraction", bei den Wünschen an das Universum. Da wird erzählt: Du kannst alles erreichen, dir alles wünschen, du musst selbst nichts dazutun, der Kosmos tut alles für dich, du musst nur an ihn einen klaren, positiven Wunsch senden. Hier sind wir am Ende der Selbstverantwortung. Man lässt sich also mit seinen 120 Kilo Körpergewicht in den Sessel plumpsen und wünscht sich vom Universum einen schlanken, sportlichen Körper. Wird der wirklich kommen, wenn man selbst nichts dazu tut, keinen Sport treibt, seine Ernährung nicht umstellt, nur im Sessel wartet?

Ja, es kann sein, dass es funktioniert. Zum Teil und eine Zeitlang zumindest. Denn die Wünsche an das Universum sind – was immer das Universum in Wirklichkeit dann für uns tut oder nicht – auch eine starke Botschaft an das Unterbewusstsein, wenn sie intensiv, oft und womöglich in einer meditativen Stimmung innerlich gesprochen werden. Ähnlich der Formeln, die man sich in Selbsthypnose gibt und die über das Unterbewusstsein starke Kräfte auslösen, die wir grundsätzlich besitzen, wie etwa die Kraft der Selbstheilung. Bei dem einen oder anderen Wunsch, soweit er einen Bezug zur Machbarkeit hat, kann damit eine gute neue Vernetzung in unserem Unterbewusstsein geschaffen werden, über die man zum Beispiel „automatisch" nur noch Lust auf fettarme und vitaminreiche Kost und auf mehr Bewegung bekommt. Das krampfhafte Festhalten löst sich und das Loslassen bringt die Dinge in Bewegung, ja, sogar Fettberge könnten dann in Bewegung kommen: Der Glaube versetzt Berge – auch ein Satz für die Tendenz der Gedankenkraft, sich in Realität umzusetzen.

Nur: Beim LOA, bei der Wünscheritis wird den Menschen vorgegaukelt, man könne *alles* haben und erreichen und müsse *nichts* dazutun, keine Anstrengung sei nötig, außer den Wunsch an das allmächtige Universum „abzusenden". Der Kosmos macht den Rest. Was hat das mit selbstbestimmtem, authentischem Leben zu tun? Ist es nicht aktiver und authentischer, Impulse an die Intuition zu geben und darauf zu achten, wann man etwas empfangen kann, um sie als wertvolle Botschaften und Anregungen sinnvoll in einem Leben umzusetzen, das man gleichzeitig auch auf allen anderen Ebenen schon aktiv in die neue Richtung steuert?

Es ist richtig, dass der Glaube Berge versetzt – aber nur dann, wenn ich auf bewusster und gleichzeitig unbewusster Ebene eine zielgerichtete Konzentration auf das oder den habe, an den ich glaube, verbunden mit entsprechender Eigenaktivität. Wir können über besondere Energien durchaus Wege gezeigt bekommen – auf ihnen gehen müssen wir aber selbst. Nicht von ungefähr heißt es in der Religion, dass man im Gebet mit Gott spricht. Man gibt nicht einfach eine Wunschliste ab, sondern man führt eine Art Dialog, um fürs richtige Handeln angeregt zu werden.

Kommunikation bedeutet ein harmonisches Geben und Nehmen, heißt also, die Dinge in beide Richtungen fließen zu lassen. Lasse ich im mentalen Bereich alles nur in eine Richtung fließen, habe ich eine Einbahnstraße. Wünsche nur eben mal nach außen zu schicken und basta, das ist ebenso eine Einbahnstraße wie die umgekehrte Vorstellung, die Intuition kommt von selbst zu mir, ich selber muss dazu gar nichts tun, muss keine Wahrnehmungen oder mentale Botschaften in die umgekehrte Richtung aktivieren.

Also geht über die intuitiven Kanäle nun gar nichts mit dem Wünschen? Aber ja doch. Erinnern Sie sich an das Kapitel über den kleinen mentalen Kreislauf? Er hat dargestellt, dass es über starke Vorstellungen an das Unterbewusstsein möglich ist, Dinge in sich zu ändern, zu verstärken, in Hypnose und Selbsthypnose sogar zu heilen. Im Kapitel über den großen Kreislauf wurde deutlich, dass wir die Möglichkeit haben, an größere Energien anzudocken. Im Gegensatz zum einfachen Wünschen entsteht dabei eine Kommunikation, weil wir ja Botschaften der Intuition schneller und klarer erkennen wollen. Auf dieser Ebene können wir natürlich – am besten in einer Tiefenentspannung – auch Wünsche abschicken.

Wir dürfen unsere eigenen Gedankenkräfte nicht als Einbahnstraßenbestellung hinausschicken, sondern sollten einen Dialog suchen – ob es einer mit Gott ist, mit dem Kosmos oder vielleicht auch nur eine Bitte an die Intuition, das ist jedem selbst überlassen. Wichtig ist nur, dass wir in einer Art Dialog erkennen lassen, warum der Wunsch für uns wichtig und sinnvoll ist, auch dass er nicht einer plumpen Gier entspringt; weiter ist die Eigenverantwortung wichtig, die man mit einbringt: seine klaren Verpflichtungen darüber, was man selbst alles zur Verwirklichung des Wunsches tun wird, wie man seinen Geist und Körper, sein alltägliches Tun auf dieses Ziel ausrichten wird. So bringt man sein Wunschziel in eine Sinnhaftigkeit. Dann greifen die Zahnräder ineinander.

- Das „Law of attraction", die Wünscherei an den Kosmos, beruht auf der richtigen Sicht, dass es in der Ganzheit Abläufe gibt, die wir „große, vernetzte Energien" nennen können und über die wir mit starken Gedanken, vor allem über bildhafte Vorstellungen, vieles in Bewegung bringen können.

- Die energetischen Schienen zwischen dem LOA und der Intuition liegen auf ähnlicher „Frequenz".

- Der Unterschied zu LOA-Systemen liegt darin, dass beim Wünschen die Forderungen an das Universum einfach abgeschickt werden, das war's.

- Arbeit mit der Intuition bedeutet hingegen das Bemühen, mit optimaler innerer und äußerer Wahrnehmung in eine Art mentalen *Dialog* mit der großen Vernetzung Intuition zu kommen.

- Statt zu wünschen und dann abzuwarten, müssen wir unsere Wunschziele im alltäglichen Handeln und Denken aktiv und sinnvoll angehen. Damit zeigen wir der Intuition eine Sinn- und Ernsthaftigkeit. LOA dagegen sagt, man kann einfach abwarten.

- Aber in der Schöpfung ist alles miteinander verzahnt und jedes Teilchen hat seine Aufgabe – nur wenn wir uns dieser schöpferischen Systematik anpassen und unsere eigenen Aufgaben auch annehmen, bekommen wir Anschluss an das „große Ganze".

Mit Intuition in die Entschleunigung

Den von dem gestressten Mann kennen Sie doch, der ins Taxi hetzt, dann vom Taxifahrer gefragt wird, wo es denn hingehen soll, und er antwortet: „Fahren Sie mich irgendwohin – ich werde überall gebraucht." Er zeigt das Problem unserer Zeit, dass wir keine Zeit haben, weil wir im permanenten Multitasking leben, vollgestopft mit Terminen, Aufgaben. Dazu braucht es schon lange nicht mehr den Posten im Topmanagement, es reicht völlig aus, Hausfrau oder Hausmann zu sein – und da ist dann oft nicht nur die Mutter oder der Vater im permanenten Stress, sondern das Kind gleichermaßen.

Terminkalender für Kinder noch im Grundschulalter sind immer häufiger eine Notwendigkeit wie das rindslederne Edelzeitplanbuch plus elektronischem Terminverwalter im Handy für die Erwachsenen. Zeitmanagementkladden als Versuch zur Stressbewältigung – ein Widerspruch in sich, denn wie soll man entspannt sein, wenn man sich unter das Regiment einer Terminplanwirtschaft begibt? Der Tag, der mit all seinen Anforderungen letztlich doch etwas Individuelles sein sollte, der einen nur stark machen kann, wenn alles, was man tut, „aus einem Guss" ist, wird über ein typisches Zeitmanagement seziert in „privat-beruflich"-Seiten, in „To-Do"-Listen, Prioritätenlisten, Eintragungen auf der Tagesseite, dem Monatsplan und dem Jahresüberblick. Selbst der Privatbereich wird mit Leistungsmerkmalen belegt, die Joggingzeiten werden exakt aufgeführt, Geburtstagseintragungen mit knappen Details zu Geschenkoptionen muten eher wie eine militärische Strategie an als eine von Liebe getragene Notiz. Viele Zeitplanbuchhersteller laden den ohnehin unter Zeitnot leidenden Menschen auch noch zu einem Zeitplanseminar ein, um das gut geölte Leben im Raster des Zeitplanmanagements zu perfektionieren.

Bis wir dann der perfekt funktionierende Hamster im Rad des hocheffizienten Zeitplanmanagements sind, fernab von der Muße, dem beschaulichen Reflektieren, dem aufmerksamen, empathischen Zuhören und Mitfühlen. Schließlich wird uns klar, dass diese Art von Fort-Schritt zur Entfernung von uns selbst gerät. Wir sind dabei, ausgerechnet den Ast, auf dem wir immer wieder sitzen sollten, um die Seele baumeln zu lassen, abzusägen.

Als der kleine Prinz sich etwas verloren fühlte, sagte der Fuchs zu ihm: „Nur mit dem Herzen sieht man gut." Jeder kennt das Zitat aus „Der kleine Prinz" von Antoine de Saint-Exupéry, und niemand kann sich der Wirkung dieses Satzes entziehen. Er spricht unsere Sehnsucht nach einem Leben mit nicht nur materiellen, sondern „wirklichen" Werten an und erinnert an unser oft verschüttetes inneres Wissen über die unsichtbaren Energieebenen, mit denen wir mehr erreichen als mit jedem Zeitplanmanagement. Es sind die gleichen Energieebenen, über die auch die Intuition läuft. Ebenen, über die wir auch Stress abbauen und unserem Leben eine wohltuende Entschleunigung zukommen lassen können.

Der Soziologe Professor Hartmut Rosa, der im Jahr 2005 mit seiner Habilitationsschrift „Beschleunigung: Die Veränderungen der Zeitstrukturen in der Moderne" große Beachtung fand, spricht von „Zeitwohlstand genießen". Tatsächlich haben wir die Zeit für das einfache Zeithaben verloren. Rosa sieht die Moderne als eine große Beschleunigungsgeschichte über die Arbeitsteilung als Antwort auf die Verknappung der Zeit, über Rationalisierungen in der Wirtschaft oder die rasante Zunahme der „Zahl der Handlungsepisoden pro Zeiteinheit" – was auf Deutsch heißt, wir leben wie eine vielarmige Krake, die zur selben Zeit mit einer Hand dem Baby den Popo putzt, mit der anderen telefoniert, der dritten eine Internetseite aufruft, der vierten den Plan für das bevorstehende Meeting optimiert …

Dabei wurde uns vor Jahren von Forschern prognostiziert, dass wir durch die Optimierung der technischen Abläufe in einer langweiligen Freizeitgesellschaft landen werden und durch zu viel Freizeit ein Leerlauf ohne Werte, ohne Sinn entstehen könnte. Nichts davon ist eingetreten, wir leben wie die Galeerensklaven und rudern um unser Leben, wobei der Takt der Trommel für das Rudern immer ein wenig schneller als unser Ruderrhythmus geschlagen wird. Nicht wir bestimmen das Rudern, sondern der unnachgiebige Trommelschlag treibt uns alle unnachgiebig an. Der legendäre Film „Moderne Zeiten" von Charlie Chaplin lässt grüßen...

Schneller, höher, weiter, gestresster, entseelter. Rosa errechnete, dass wir mit unseren technischen Beschleunigungen eigentlich viel mehr Zeit haben müssten: Demnach reduzierten sich die Reisezeiten seit der industriellen Revolution auf ein Sechzigstel ihrer ehemaligen Größe; und die Informationen, die wir heute übermitteln, steigerten alleine im vergangenen Jahrhundert ihre Geschwindigkeit um das Zehnmillionenfache. Und dennoch haben wir weniger Zeit denn je, jagen rastlos, gebückt, atemlos dem Geld und vor allem dem Glück hinterher – und zahlen dann in Guruseminaren, Ersatzhandlungskaufräuschen und Wellnessoasen viel Geld, um uns wieder ein wenig aufzurichten.

Natürlich spüren wir, dass das nicht in Ordnung ist, uns nicht guttut. Obwohl unsere Nahrung gut ist und die Wellnessgesellschaft unserem Körper im Vergleich zu den rudimentären Körperertüchtigungen aus der Zeit der „Trimm-Dich"-Pfade ausgefeilte und vielfältige Sportmöglichkeiten bietet, werden wir an Leib und Seele immer kränker. Herzinfarkte sind mittlerweile auch bei Frauen gang und gäbe und Depressionen eine weiter verbreitete Volkskrankheit als die frühwinterliche Grippe. Fast jeder erkennt das Problem und versucht gegenzurudern, denkt zumindest hypothetisch mal über „Downsizing" nach, kauft als winzige Flucht aus so einem Alltag

Duftöle, Nahrungsergänzungsmittel und Weisheitsbücher vom Dalai Lama.

Der innere Drang, das verlorene Paradies namens Wohlfühlzeitgenießen wiederzufinden und aus dem Hamsterrad der Systeme herauszukommen, ist groß. Exemplarisch zeigt das der gigantische Bucherfolg von Hape Kerkelings „Ich bin dann mal weg", der ja nichts anderes beschreibt als das wochenlange Wandern auf dem Jakobsweg. Auch erfolgreiche Bücher einiger Klostermönche, die einfachste, manchmal sogar banal anmutende Weisheiten verbreiten und als erfrischende Verunkomplizierung des Lebens gern gelesen werden, machen unsere Sehnsüchte anschaulich.

Letztlich geht es natürlich wieder nur um die Grundthemen authentischen Lebens: um das Suchen und Finden der eigenen Mitte, um Ganzheit und menschliche Wärme, um die Fähigkeit, sein Leben auch mal wieder von der Metaebene, von der Bergspitze sehen zu können, um die Dinge zu überblicken und in Ruhe richtig zu gewichten.

Um zu sehen, was wichtig ist und was unwichtig, was man ändern kann und was nicht, müssen wir die Fähigkeit und Zeit haben, große und kleine Wichtigkeiten zu unterscheiden, um dann Aufgabenprioritäten zu erkennen. Gewiss, das lehren auch Zeitplansysteme. Setzen Sie Prioritäten, sagen sie trocken. Nur: Wenn Sie Ihre Prioritäten rein intellektuell setzen, halten Sie viele Ihrer wahren Bedürfnisse und Erfordernisse unterm Deckel. Die Folge ist, dass die Prioritätenliste nicht stimmig ist. In der intellektuellen Prioritätenliste wird eben das Gespräch mit Dr. Klöbner an die erste, das mit Herrn Müller-Lüdenscheidt an die zweite Stelle gesetzt, die Massage, die man dringend gegen seine Nackenschmerzen braucht, der Spielnachmittag, auf den die Kinder schon so lange warten, und die lange fällige, liebevolle Aussprache mit dem Partner, all das wird weit nach hinten geschoben. Ein schlechtes Gewissen bekommt man dabei vorerst nicht, denn man hat es ja nicht aufgehoben, es wurde im Ordnungssystem des Zeitplaners doch nur ein bisschen umdirigiert… Alle Termin- und Zeitplanungssysteme, die mit den daran hängenden Seminaren und Schulungen bereits einen kleinen Wirtschaftszweig darstellen, suggerieren, nur mit ihrer Hilfe sei es möglich, das Leben „im Griff" zu haben. Das Gegenteil ist aber der Fall, auch wenn man es erst merkt, wenn ein Leidensdruck einsetzt: Wir arbeiten uns nach wie vor vom Hölzchen übers Stöckchen durch den Dschungel der Anforderungen. Und sehen vor lauter Bäumen den Wald nicht mehr, trotz Zeitplanbuch.

Das authentische Leben, die eigene Mitte, die Ganzheit sind dahin. Man merkt das lange nicht, denn der Stress ist in so wunderbar wichtige, moderne Begriffe verpackt. Man ist mit seinem intellektuellen „Selfmanagement" auf der Sonnenseite des Lebens, aktiv, selbstsicher, zielbewusst, vielfältig interessiert, sozial kompetent, teamfähig, familiennah, die regelmäßige Bestätigung von der applaudierenden Menge ist mit drin. Irgendwann dann die ersten Symptome einer Unzufriedenheit, der das Gefühl einer Sinnlosigkeit folgt und schließlich das große Grausen darüber, dass man selbst mit allem, was man ist und „eigentlich" wollte, auf der Strecke bleibt. Das vermeintlich authentische Leben verblasst zum Schein, die eigene Mitte ist davonspaziert, irgendwohin. Die Ganzheit seines Lebens kann man nicht mehr erkennen, weil man es so lange über eine ernüchternde intellektuelle Beckmesserei in viele Tranchen aufgeteilt hat, in unterschiedliche Ranglisten und Terminlisten. Das geht bei vielen so weit, dass sie sogar unter dem Begriff „Visionen" eine logisch wertende Durchnummerierung anlegen, ohne zu merken, dass sie damit dem freien Vogel Vision bereits die Flügel stutzen.

Am Ende steht Erschöpfung und die traurige Frage, wo eigentlich der lockere, lebensfreudige, spontane und kraftvolle Mensch geblieben ist, der man einmal war.

Aber was kann hier Intuition nützen? Wieder gilt: sehr wenig, wenn man es bei der üblichen, ab und zu vorbeihuschenden Intuition belässt. Denken Sie an das Bild mit dem unendlichen Schienennetz der Intuition und Ihrem eigenen kleinen Bahnhof irgendwo an der Schienenstrecke. Wenn Sie nichts für Ihren Bahnhof getan haben und vor dem vergammelten Gebäude stehen und auf die Schienen schauen, werden Sie natürlich trotzdem mitbekommen, wenn ein ICE vorbeifährt. Sie hören ihn heranrauschen, erst leise, dann stärker, dann für Momente ein starkes Brausen, plötzlich ein knallig spürbarer Windschub, wenn der mächtige Triebwagen mit hoher Geschwindigkeit an Ihnen vorbeidonnert... aber schon Sekunden später verliert sich das Geräusch in der Ferne, der Zug wird zum Punkt, zum Pünktchen. Und alles ist wie vorher. Der Zug war zwar erkennbar, war auch „da" – aber eben doch nicht bei Ihnen. Er hat Ihnen keinen Nutzen gebracht.

Wenn Sie jedoch nach der Intuitionsmethode vorgehen, um die optimalen Bedingungen für einen wirklichen Kontakt mit der Intuition, um eine achtsame und intensive Wahrnehmung dieser Kraft zu schaffen (aufs Bild bezogen: einen schönen Bahnhof herrichten), haben Sie gute Möglichkeiten für einen Stressabbau, für ein organischeres Zeitmanagement, für eine wohltuende Entschleunigung. Denn wer eine gute Intuition hat, weiß immer, was ihm guttut und was nicht.

Vielleicht fragen Sie sich spätestens an dieser Stelle, wo es doch speziell um Stress und Zeitnot des modernen Menschen geht, ob denn nun Intuition wie ein Allheilmittel ernsthaft auch für diese Probleme gepriesen werden soll.

Die Antwort ist: Ja.

Sie gilt aber nur unter der Bedingung, dass Sie Intuition nicht als nettes Bauchgefühlchen, sondern konsequent im Rahmen der

Intuitionsmethode mit all ihren Vernetzungen sehen. Und natürlich werden sich all Ihre erdrückenden Termine und Verpflichtungen nicht plötzlich in Luft auflösen. Sie werden jedoch zu einem souveräneren Umgang mit Ihrer Arbeit und dem Alltag kommen. Lebt man im „Flow" und ist Herr der Dinge und nicht Sklave, geht alles trotz vieler Anforderungen lockerer, als wenn man von „Sachzwängen" beherrscht wird. Zu diesem entspannten Herangehen hilft teils Ihre Intuition selbst, teils auch die positiven Wirkungen aus den Übungen der Intuitionsmethode:

• Die Intuitionsmethode beinhaltet neben den Übungen im Buchteil III Übungen in Tiefenentspannung und Meditationen auf der CD. Das, was andere über das Autogene Training oder ähnliche Selbsthypnosetechniken für mehr Entspannung extra lernen müssen, erfahren Sie über die Übungen der Intuitionsmethode ganz nebenbei. Und jede Art von einem direkten Kontakt mit dem Unterbewusstsein über eine Tiefenentspannung führt sehr schnell zu einer besseren inneren Zentrierung, zu Stressabbau, zu neuen Energien. Über eine regelmäßige Tiefenentspannung verbessern Sie nicht nur Ihre Kanäle nach draußen zur Urkraft Intuition, sondern stärken Ihre mentalen und körperlichen Kräfte ganz erheblich. Es gibt Hunderte von Studien, die belegen, dass Menschen, die häufiger meditieren, Autogenes Training oder sonst eine Art der Tiefenentspannung betreiben, ihre Stresssymptome besser abbauen.

• In der Tiefenentspannung oder der Meditation geht das Gehirn von den superaktiven Wachbewusstseins-Betawellen mit 38 bis 15 Hz herunter auf Thetawellen von nur sieben bis vier Hz. In diesem Zustand hat man eine direkte Kommunikation mit dem Unterbewusstsein und kann seine vielen Verpflichtungen mit innerem Fühlen neu ordnen und entspannter betrachten. Zudem entspannen und erholen sich die Körperorgane in diesem wunderbar entstressten Wohlfühlzustand. Es ist der Zustand, den Sie brauchen, um mit intuitiver Kreativität die alltäglichen Arbeiten besser zu meistern. Es entsteht im Gegensatz zur intellektuellen Terminplanung eine organische Terminplanung, in der Prioritäten auch nach ihrer Sinnhaftigkeit betrachtet werden.

- Die Mischung aus Intuitionsübungen in alltäglichen Übungen im Wachzustand – vor allem Wahrnehmungs- und Achtsamkeitsübungen – und den Tiefenentspannungsübungen (auf CD) in der Intuitionsmethode fördern den Wechsel der Hirnwellen: Zwischen den Betawellen des Wachzustandes und den Thetawellen in der Meditation liegen die Alphawellen mit einer Frequenz von vierzehn bis hinunter zu acht Hz. Hier ist man schon in einem leicht meditativen Zustand, nimmt aber noch wahr, was man, dösend auf einer Parkbank in der Sonne sitzend, „tagträumt" oder visualisiert. Die Alphawellen sind die Verbindung zwischen vollem Wachzustand und meditativer Tiefenentspannung. Über die Übungen wird ein Kommunikationsfluss zwischen den drei Bereichen aktiviert, man wird geistig beweglicher, und das erleichtert das Bewältigen von vielen Alltagsaufgaben deutlich. Der Verstand ist mit den Aufgaben nicht mehr allein, sondern bekommt Hilfe aus dem Unterbewusstsein, welches wiederum das Tor für Intuitionen ist. Vereinfacht kann man sagen, dass unser Werkzeugkasten zur Bewältigung aller Alltagsaufgaben um ein Vielfaches größer wird – und zudem über intuitive und empathische Wege die Qualität bei der Anwendung aller Werkzeuge steigt. Die einfache Folge: Alles geht leichter von der Hand – und es geht uns besser.

- Sie müssen Ihre Erkenntnisse nicht mehr mühsam ausschließlich über den Intellekt aus einzelnen, im Gehirn gespeicherten Erfahrungsbausteinen zusammenklauben. Über die Schienen der Intuition kommen stimmige, richtungsweisende Informationen. Das erspart einerseits grüblerisches Nachdenken und hilft andererseits über das vernetzte Denken zu einer organischen Prioritätenliste.

- Vor allem handelt man ab diesem Zeitpunkt im emotionalen Bereich anders: Wenn es um Liebe, Zuwendung und Mitgefühl geht, sind verstandesmäßig erstellte To-Do-Listen problematisch, oft sogar zynisch. Man trägt nüchtern Geburtstage ein, listet Telefonlisten auf oder hält den Termin gar in der Mail-Liste fest, danach braucht es dann nur noch das Häkchen für „erledigt". Damit erledigt man aber nach und nach auch seine eigene Gefühlswelt. Mit intuitivem Hineinspüren in die Termine, etwa in die Befindlichkeit der Mutter, die nächste Woche Geburtstag haben wird, in den eigenen Sohn, den man morgen zur Abschlussprüfung in den Schwimmkurs bringen muss, in den Mitarbeiter oder Kollegen, der verletzt im Krankenhaus liegt, bekommen eine Verpflichtung oder ein Termin eine andere Qualität. Man fühlt bald, dass die Verpflichtung gar keine Pflicht ist. Weil man eine Bereicherung des eigenen Lebens spürt; denn empathisches Handeln verursacht ein Echo – das, was man von Herzen gegeben hat, und sei es auch im coolsten Geschäftsmeeting, wird nicht als leere Floskel beantwortet, sondern von menschlicher Wärme getragen zurückkommen.

• Insgesamt führt die Erledigung alltäglicher Aufgaben über die geschilderte Vernetzung zur Entstressung, weil Handlungen und Entscheidungen zielführender und effektiver werden. Aufgaben werden weitblickender und ökonomischer gelöst. Organisches statt nur intellektuelles Agieren hilft auch, Konflikte zu vermeiden – auch das spart Energie, Zeit und schont die Nerven.

Sie kommen bei einem Alltagsmanagement über diese Schienen zu mehr Zeit und über die Lust an der Entschleunigung zu mehr Lebensfreude. Sie sind nicht mehr Sklave Ihrer Termine, sondern Sie sind es, der das Zeitplanbuch oder das technisch omnipotente Taschencomputertelefonmp3playerfotoapparatmailundfotoversendenavigationsterminerinnerungsradiosmsgerät regiert.

Und ab wann weiß man, ob das wirklich gut funktioniert? Wenn man sogar in Situationen humorvoll und locker bleibt, die einem überhaupt nicht passen, die man aber partout nicht ändern kann.

Wie sagte der zu Unrecht immer nur als „Komiker" eingestufte bayerische Lebensphilosoph Karl Valentin (1882–1948)? „Ich freue mich, wenn's regnet. Weil, wenn ich mich nicht freue, es ja auch regnet."

- Übermäßige Anforderungen und der Termindruck im Alltag machen uns kaputt, wenn die Anforderungen und Termine uns in der Hand haben statt wir sie. Die Verwaltung der Termine in Organizern und Zeitplanbüchern gaukeln uns Souveränität vor, in Wahrheit geraten wir allzu oft unter Stress und sehnen uns nach Entschleunigung des Alltags.

- Die Verwaltung von Terminen nur nach intellektuellem Vorgehen führt zu weniger sinnvollen Prioritäten, als wenn wir unsere Termine und Anforderungen unter Miteinbeziehung des Gefühls und der Intuition betrachten, also „organisch" planen.

- Kommen wir unseren Verpflichtungen mit intuitiver Empathie nach, ist auch das Echo voller menschlicher Wärme. So bekommt der Alltag auch bei hohen Belastungen einen besseren „Flow" – und wir empfinden mehr Muße und weniger Stress.

- Dabei hilft uns nicht nur die Intuition selbst, sondern auch die Wahrnehmungs- und -Tiefenentspannungsübungen der Intuitionsmethode.

Wie man Gedanken optimal fokussiert

Ein einseitiges LOA, also die verklärt-oberflächliche Wünschelei Richtung Kosmos nach dem Motto, nun geht alles wie von selbst, ist kein optimaler Einsatz von Gedankenkraft. Wir brauchen eine dialogähnliche Kommunikation mit Urkräften, die wir aber auch nicht unter Stress und mit intellektueller Konzentration und über Zeitplanbücher auf die Reihe bekommen. Wie kann denn nun ein guter und intensiver Dialog mit der Intuition entstehen?

Das Leben ist ein Geben und Nehmen, wir zitierten den alten Spruch bereits, er birgt viel Wahrheit in sich. So ist es nicht nur bei Leistung und Bezahlung, sondern auch im Bereich eines mentalen Dialogs. Wenn ich fokussierte Botschaften bekommen will, muss ich auch mit fokussierten Gedanken hineingehen.

In den anspruchsvolleren Bereichen der Gedankenkraft, in der Hypnose, kann man nachvollziehen, was gemeint ist. Der bekannte Bremer Hypnosetherapeut Wolf Riedel hat seit Jahren fast keine Zeit mehr für kleine Fälle wie Raucherentwöhnung oder Gewichtsreduktion – Problembereiche übrigens, bei denen eine richtig angewandte Hypnose um ein Vielfaches schneller wirkt als alle anderen Maßnahmen und Therapien. Riedel, der selbst in seinen Jugendjahren nach einem Flugzeugabsturz als Bundeswehrsoldat gelähmt und von den Ärzten mit 22 Jahren nach zwei Jahren fruchtloser Reha als unheilbar gelähmt in Frührente geschickt worden war, schaffte es nach sieben Jahren im Rollstuhl mit Hilfe des begnadeten deutschen Professors und Hypnosespezialisten Helmut Jansen an der Universität von Rio de Janeiro, aus dem Rollstuhl zu kommen: Sein Rückenmark war, wie in vielen solchen Fällen, in denen durch extreme Traumatisierung der Wirbelsäule eine Lähmung vorhanden ist, nicht durchtrennt. Das veranlasste ihn, seine Tätigkeit als Jurist aufzugeben. Seit Jahrzehnten wirkt er als Hypnosetherapeut und kümmert sich dabei um komplizierteste Fälle. Rund fünfzigmal wurde er weltweit zu großen, bis zu vierzehnstündigen Operationen gerufen, bei denen Patienten nicht chemisch narkotisiert werden konnten. Sie wurden unter Hypnose operiert, und jede Operation, auch große Bauchraumöffnungen und Transplantationen von Organen, verlief schmerzfrei und erfolgreich. Auch jetzt, in den ersten Jahren des 21. Jahrhunderts, brachte Riedel mehrere Menschen, die nach Unfällen oder durch schwere Krankheiten nicht mehr gehen konnten, erst zum Stehen, dann zum Gehen.

Was kann uns das sagen? Es zeigt zum einen, welche unglaublichen Energien über nichtmaterielle Kräfte freigesetzt werden können, wenn man sie nur richtig bündeln, *fokussieren* kann – viele Ärzte machen heute, oft auch in der Zahnmedizin, eine Hypnosezusatzausbildung und extrahieren dann vielen Patienten Zähne ohne jegliche Narkosemittel. Allerdings braucht es für eine derart wirksame Bündelung von Gedankenkräften in Richtung Unterbewusstsein eines Patienten, wie sie vor allem bei großen und langwierigen Operationen notwendig ist, schon eine sehr lange praktische Erfahrung, wie Wolf Riedel sie hat. Es geht bei der Arbeit mit Patienten ja nicht nur um das, was der Hypnosetherapeut aussendet, um seine Worte und Formeln, vielmehr muss er auch mit scharfer Wahrnehmung die Reaktionen seines Patienten beobachten, da ist jedes Zucken eines Fingers von Bedeutung. Das ist der zweite Punkt, den uns das Hypnosebeispiel zeigt: Energetische Kräfte schwirren nicht einfach so in der Gegend herum, ohne dass wir etwas dazutun müssen. Vielmehr muss man sich selber konzentriert auf das fokussieren, was man „anpeilt", und muss gleichzeitig nicht nur optimal senden, sondern auch optimal empfangen. Eben ein Geben und Nehmen …

Wie das für Hypnose gilt, gilt es auch für unseren Weg zur Intuition. Darum können wir, wenn wir mehr von ihr haben wollen, ebenso wenig die Hände in den Schoß legen, nach dem Motto, Intuition kommt ja von selbst. Das tut sie ja durchaus, aber eben mit schwachen Signalen, in sehr flüchtigem und darum wenig nützlichem Maße, wenn wir das fokussierte Konzentrieren auf eine Kommunikation mit der Intuition und schließlich eine gute Wahrnehmung nicht geübt haben.

Es gibt noch eine Parallele zwischen der Hypnose und der Intuition: Auch die Hypnose kommt bei jedem Menschen ganz von selbst – das ist vielen Menschen gar nicht bewusst. Ohne dass er es merkt, erlebt jeder Mensch immer wieder kleine Formen einer Hypnose, wenn er etwa „gebannt" einem rhetorisch perfekten Redner zuhört, wenn er „im Sog" eines besonders spannenden Fernsehkrimis „gefangen ist". Und wenn wir die Klingel an der Haustür gar nicht hören, weil wir gerade „völlig entrückt" sind beim Lesen eines wirklich tollen Buches, dann befinden wir uns in einer kleinen Hypnose: Unsere Gedanken sind absolut fokussiert.

Die Intuitionsmethode betont, dass sie keine esoterische Wellnessveranstaltung ist, sondern eigene Aktivität fordert. Man kann das beim zielgerichteten Fokussieren von Gedanken besonders gut darstellen: Das, was wir über eine Kommunikation mit der Intuition in Gang bringen wollen, wird vor allem dann gelingen, wenn wir auch in unserer physischen Welt alles für die Realisierung tun – denken Sie dabei auch an die Gesetzmäßigkeiten der Entsprechungen. Manche sprechen von einem Gesetz des Synchronismus, einem sich verstärkenden Gleichlauf, man mag es auch ganzheitliche Entwicklung nennen.

Ganzheitlich heißt auch: Selbstverständlich sollte gerade der intuitive Mensch – weil er ein engagierter Mensch ist – stets auch sein rationales Denken mit einbeziehen, wenn er an seinen Zielen arbeitet. Man wird keinen Chefposten bekommen und keinen Uniabschluss schaffen, auch keine gute Beziehung zum Partner oder zu seinen Kindern haben und keine guten Ergebnisse in einem sportlichen Wettkampf erzielen, wenn man nicht daran arbeitet. Man trainiert dabei seinen Verstand oder seinen Körper oder beides, je nach Ziel. Und sendet damit starke Impulse aus. Und um die geht es: Das Echo über die Intuition wird kommen, und mit ihrer Hilfe wird uns das, was wir uns erarbeitet haben oder gerade erarbeiten, zum Erfolg führen. Alles, was wir nun noch tun müssen, ist, die Fähigkeiten zu schärfen, dieses Echo zu empfangen, um die Botschaften wahrzunehmen.

Es geht bei diesen Anmerkungen nicht um ein klassisches Arbeitsethos. Natürlich sind zumindest einige preußische Tugenden wie Selbstdisziplin und die Bereitschaft, auch mal härter zu arbeiten, nicht unbedingt falsch, nur weil sie uns altmodisch vorkommen. „Von nichts kommt nichts" – auch dieser alte Spruch stimmt. Wir müssen ihn allerdings richtig verstehen, dann sehen wir, dass er sogar für die Intuition stimmt. Von nichts kommt nichts – das heißt einerseits, wir selbst müssen einen Einsatz bringen, in realer Arbeit und in gedanklicher Fokussierung, und es heißt andererseits, dass dann auch alles für uns da ist.

Es gibt einen wunderbaren Film, der auf ganz einfache Weise zeigt, worum es geht. „Wie im Himmel" erhielt 2005 die Oscar-Nominierung als bester ausländischer Film und wurde abseits großer Hollywood-Kracher zum Kinohit über „das Abenteuer, das eigene Paradies zu finden". Der bezaubernde, tief menschliche schwedische Film erzählt die Geschichte eines berühmten Dirigenten, der nach einem Herzinfarkt sein Glamourleben aufgibt und in sein Heimatdorf zurückkehrt, dort einen Kirchenchor leitet, dabei endlich Menschen in all ihren Facetten begreift und sie und sich erstmals selbst zu lieben lernt. Der Kanal, über den dies funktioniert, ist die Musik – sie könnte auch als Metapher für die Intuition gelten. Der Dirigent ist davon beseelt, die ultimativ schöne Musik zu finden, und nach und nach verstehen die Menschen im Chor, was er meint, sie können diesen Kanal für eine Öffnung zu einer großen Kraft verstehen, begreifen, nachfühlen. Und sie singen immer schöner, am Ende geradezu wunderbar entrückt.

Will man verstehen, wie Intuition für jeden ganz leicht und immer häufiger, immer besser nutzbar wird, muss man sich anschauen, wie in diesem Film der Dirigent Daniel Dareus nun erst, in der Arbeit mit dem einfachen Kirchenchor, erkannt hat, wie man Zugang zur wirklich ultimativ schönen Musik findet. Er nennt seinen Sängern die Lösung: „Alles ist schon da. Es gibt alles schon. Es geht nur ums Hören, wir müssen nur hören … Musik beginnt mit Zuhören!" Zum Zuhören kommt dann das Üben des Chors, aber eben auf einer Ebene, auf der sie bereits verstanden haben, worum es geht. Der Film verdeutlicht, dass man nie alleine ist, nicht alles alleine erschaffen, sondern sich nur dem Anschluss an eine höhere Ebene öffnen muss.

In „Wie im Himmel" öffnet sich ein weiterer wichtiger Punkt: Die Verbindung zu einer größeren Ebene oder zu einer höheren Intelligenz heißt nicht, dass man seine individuelle Prägung aufgeben muss – ganz im Gegenteil. Dareus sagt seinen Chormitgliedern, wie sie mit dem Zuhören ihren eigenen Weg finden: „Jeder Mensch hat seinen eigenen, einzigartigen Ton. Versucht, ihn zu finden." Und sie finden ihn, jeder und jede Einzelne, und reifen zu einem Chor mit geradezu überirdisch schönem Gesang heran …

Es gibt dabei keine Diskussion nach dem Motto: entweder Verstand oder Intuition. Es macht schließlich Sinn, dass der Verstand des Menschen in den vergangenen zehntausenden Jahren in seiner Leistung Quantensprünge vollbracht hat. Er hat die Funktion, dass der Mensch als einziges Lebewesen auf der Erde unter allen Umständen, in allen Regionen, überleben und sich bestens organisieren kann. Aber zu viel Verstand kappt andere Verbindungen. Von kriegerischen Auseinandersetzungen bis zu Weltwirtschaftskrisen deutet immer wieder vieles darauf hin, dass der Verstand nicht recht bei Verstand ist. Wir müssen lernen zu begreifen, dass der Intellekt nicht ausreicht für die Bewältigung der Anforderungen an uns.

Wie sehr es generell an Weiterentwicklung fehlt in einer viel zu technokratisch und materiell orientierten Gesellschaft, das sagte kurz vor seinem neunzigsten Geburtstag Helmut Schmidt, ausgerechnet der Mann, der gewiss nicht zu den Menschen mit verklärtem Denken gehört, sondern eher zu den eisenharten Pragmatikern. Schmidt Ende 2008 kurz und knapp in einem Interview: „Seit Sokrates, Konfuzius, Immanuel Kant finden in der Politik kaum moralische Fortschritte statt, nur technologische."

Die Gründe für mangelnden moralischen Fortschritt mag dabei jeder unterschiedlich sehen. Aber auch dem pragmatischsten Menschen ist klar, dass es darum geht, den richtigen Weg für den Umgang mit der Komplexität von Anforderungen an uns zu finden. Wenn wir nicht immer zwischen Mensch und Natur trennen oder zwischen Erde und Weltall, sondern begreifen, dass alles, von der Mikrobe bis zur Supernova, „Natur" ist, und wenn man sich all dies Zusammenhängende betrachtet und die Komplexität von allem, dann kann man sich vielleicht leichter vorstellen, dass der Umgang mit all diesen Elementen von unserem individuellen Verstand alleine kaum zu bewältigen ist. Wir sollten dabei auch den Begriff Seele nicht vergessen: Das, was in der Natur so komplex zusammenspielt, hat in seinen Einzelteilen jeweils eine Seele. Jeder gute Wirtschaftsmanager weiß, dass er seiner Arbeit, auch wenn sie noch so sachlich zu sein scheint, auch eine Seele geben muss. Wohin seelenloses Wirtschaften führt, muss die Welt spätestens seit 2008 in bitteren Lektionen lernen … Wenn die Dinge eine Seele haben, entsteht erst die nötige Energie für das komplexe Zusammenspiel von allem. Geben Sie also Ihren Wünschen, Zielen, Überlegungen eine Seele, dann haben sie eine eigene Prägung – und damit gelingt Ihnen auch das komplexe Zusammenspiel mit der Intuition.

Stellen Sie sich vor, dass allein unser vergleichsweise winziges Sonnensystem rund 100 Milliarden Sterne hat und dass es mindestens hundert Milliarden Sonnensysteme mit ebenso vielen Sternen gibt ... und halten Sie sich nun weiter vor Augen, dass selbst diese unvorstellbare Menge an Sternen im Kosmos weniger Elemente als in jedem Körper eines Menschen sind, dann wird die Bedeutung der Worte Komplexität und Zusammenhänge interessanter. Dieser Vergleich zwischen Weltall und Mensch stammt übrigens von dem bereits erwähnten Münchener Astrophysiker Harald Lesch.

Der Verstand ist als Einzelkämpfer in so einer Komplexität trotz seiner beachtlichen Leistungsfähigkeit geradezu aufgeschmissen. Er wird beim ewigen Versuch und Irrtum völlig überfordert immer öfter im Irrtum landen, wenn nicht ... ja, wenn er nicht in ein starkes Fundament eingebettet ist, auf dessen Basis er sich noch weiterentwickeln kann.

- Wer der Urkraft Intuition vertraut und mit ihr kommunizieren lernt, muss nicht mehr sein Heil im Außen, in Verdrängungsaktionen suchen – man ruht in sich.

- Denn die Intuition nimmt uns keineswegs das Ruder unseres Lebens aus der Hand, sondern gibt uns entscheidende Tipps, um Ziele richtig anzusteuern.

- Unsere Intuition bringt uns mit ihren Botschaften in einen positiven Flow – das schafft Lebensfreude.

- Ein Fokussieren auf die Intuition gelingt über das Üben einer achtsamen Wahrnehmung und eine intensive Unterbewusstseinsarbeit.

- Hypnose, Selbsthypnose, Autogenes Training und andere Methoden der Tiefenentspannung sind unser Zugang zum Unterbewusstsein – es ist auch der Kanal der Intuition.

- Es geht beim Thema Intuition und Intellekt keineswegs um ein Entweder-oder, im Gegenteil: Auch intellektuelles Denken über und konkrete Arbeit an unseren Zielen führt zu einer Kommunikation mit der Intuition – vorausgesetzt, man denkt auch verstandesmäßig ganzheitlicher. Unser zielgerichtetes alltägliches Denken und Handeln sendet Impulse aus – das Echo der Intuition kommt umso stärker.

- Letztlich braucht der Verstand die Zusammenarbeit mit höheren Ebenen bzw. anderen Arten der Intelligenz, damit wir die unglaubliche Fülle komplexer Zusammenhänge begreifen lernen und zu richtigen Lösungen und Entscheidungen kommen.

Intuitionsportal Unterbewusstsein

Intuition ist nicht an Raum und Zeit gebunden. Sie ist selbstständig und überall. Unsere Andockstelle an sie, über die wir die große Urkraft nutzen können, ist das Unterbewusstsein. Insofern kann man das Unterbewusstsein als unsere Intuitionszentrale sehen.

Direkten Zugang zu dieser Zentrale erhalten wir weniger über das Verstandesdenken, sondern über die Tiefenentspannung. Auch „reden" wir mit dem Unterbewusstsein nicht über logische Argumente, sondern über bildhafte Vorstellungen, denn darauf reagiert das Unterbewusstsein meist unmittelbar. Autosuggestive Techniken, Formen der Selbsthypnose, öffnen die Kanäle ins Unterbewusstsein und von dort aus in weiter außen liegende Bereiche für das Senden und Empfangen in einem Dialog der anderen Art. Dass noch viel mehr geht, zeigt das Beispiel Hypnose.

Eine Verbesserung des Kontaktes zu unserem Unterbewusstsein über Tiefenentspannung ist nicht nur ideal für den Stressabbau, ist nicht nur unglaublich wohltuend, kann nicht nur helfen, alltägliche Ziele leichter zu erreichen, wie etwa weniger zu rauchen, gesünder zu essen, kann nicht nur über Suggestionen unsere Gesundheit verbessern – sie ist auch das wichtige Tor zur Intuition.

Niemand weiß genau, was Intuition ist. Dennoch wirkt sie, „funktioniert". Vor vielen tausend Jahren hatte der Mensch überhaupt keine Ahnung, wie sein Körper beschaffen ist, funktioniert hat er trotzdem. Die Lage unserer Körperorgane war uns noch vor ein paar hundert Jahren nur recht vage bekannt, aber der Körper scherte sich nicht darum, was wir über ihn wissen ...

... und ebenso schert sich die Intuition nicht darum, dass wir ihre Wege und Funktionen im Labor nicht versuchstechnisch nachvollziehen können. Die Intuition zieht Kreise in unendlichen Weiten, ist uns nicht untertan, muss sich nicht um uns bemühen. Wir sind es, die versuchen müssen, ihr näherzukommen. Und wir wissen wenigstens, dass wir abseits einer rasenden Alltagshektik – in einer abgesenkten, kontemplativen Stimmung, in der die Gehirnwellen einige Stufen „herunterfahren" und so der Intellekt quasi umfahren wird – viel leichter an Gedanken, Ideen, Botschaften „wie aus einer anderen Welt" kommen. Es ist die Stimmung, in der wir weniger über den abwägenden, reagierenden, Fakten abstimmenden Verstand arbeiten, sondern über das Unterbewusstsein, in dem Bilder und Vorstellungen wichtig und besonders wirksam sind, und in dem wir eine andere Art von Zugängen zu Informationen haben als über den Verstand.

Das Unterbewusstsein ist sozusagen unsere persönliche Schaltstelle für die Intuition. Von hier gehen alle Kanäle aus, auch die Verbindungen zum Verstand. Denn die Diskussion, die sich immer wieder um den müßigen Punkt drehen, ob man auf seine Intuition *oder* auf seinen Verstand hören soll, sind eben schon im Ansatz falsch.

Der Verstand ist ein Teil unseres Gesamtsystems. Allerdings ein viel jüngeres als das Unterbewusstsein und die Intuition, die der Mensch schon hatte, als er vom intellektuellem Denken noch zigtausende Jahre entfernt war. Die Intuition bildete schon in Urzeiten, als das logische Differenzieren und Diskutieren dem Menschen noch viel unbekannter war, mit dem Unterbewusstsein eine fundamentale Einheit. Die Kräfte aus diesen Urzeiten stecken noch immer in uns, die können wir ohnehin nicht wegreden – und wären auch dumm, wenn wir es versuchten. Wenn man sieht, wie auch hochgebildete Männer an Straßenkreuzungen beim Streit um die Vorfahrt binnen Sekunden zum Steinzeitberserker werden, weiß man, wie dünn die Schicht an intellektuell und ethisch gezähmter Zivilisation auf der Ursuppe in uns wirklich ist.

Man vergisst dabei oft, dass diese Ursuppe ja nicht unbedingt etwas Negatives ist. Stets wird Frühzeit mit Primitivität gleichgesetzt und Primitivität mit Dummheit. Die eigentliche Bedeutung des Wortes primitiv lehrt uns da etwas anders: Das lateinische „primitivus" heißt „der Erste in seiner Art"; primitiv bedeutet zwar in unserem Sprachgebrauch auch etwas sehr Anspruchsloses, allzu Einfaches, andererseits aber auch ganz einfach „ursprünglich", also dem Urzustand nahe, ein authentischer Zustand, den wir uns in vielen Lebensbereichen (z. B. in der Beschaffenheit unserer Lebensmittel) sehnlich wünschen.

Zu einem ganz besonders wertvollen „Ursuppenzustand" gelangen wir, wenn wir den Kontakt mit unserem Unterbewusstsein verstärken. Da kommen wir in die Gemächer unseres Seins, die nicht von Logik, realistischer Abwägung und kalter Abgleichung mit Erfahrungen bestimmt sind. In unserer inneren Schaltzentrale Unterbewusstsein finden wir Emotionen als Reaktionen von Erlebtem, wir sehen, wie sich dort unsere Gefühlswelt breitmacht, wir finden in irgendwelchen Lagerhallen alle unsere Urprogramme aus Jahrtausenden abgelegt. Und hier finden wir auch die Portale zu dem verzweigten Netz, auf dem die Intuition sich bewegt.

Wo unser Unterbewusstsein im Körper zu orten ist, welche Leitbahnen es im Körper benutzt, ist trotz endloser Versuche von Wissenschaftlern unklar. Wir können also nicht mit dem Seziermesser vorgehen, aber wir können in uns selbst mit diesen Bereichen über Unterbewusstseinsarbeit in Kontakt kommen, wie wir es bei den Tiefenentspannungen auf der CD tun.

Wenn wir über die Unterbewusstseinsarbeit, in einer Tiefenentspannung an das geheimnisvolle große Netzwerk der Intuition andocken wollen, um von dieser Urkraft mehr und gezieltere persönliche Botschaften zu bekommen, können wir entsprechende Impulse geben: Wir aktivieren diese Impulse mit entsprechend kraftvollen

Formulierungen und Vorstellungen vor dem inneren Auge. Und können im Alltagsleben analoge Impulse setzen, indem wir selbst aktiv werden. Dadurch entsteht eine Art Rückkopplung: Betrachten Sie die große Urkraft Intuition als ein Wesen, das auch Sie spüren will, um in einer dauerhaft guten Verbindung zu stehen. So wird die Urkraft Intuition sozusagen im gegenseitigen Dialog zu Ihrer persönlichen Urkraft, zu einem sicheren Begleiter, den Sie sehr oft spüren können.

- Intuition ist kein in unserem Körper hausendes, isoliertes Element.

- Denn wir bekommen über sie nicht nur Entscheidungshilfen, sondern Kreativität, Inspiration, Informationen telepathischer oder sogar präkognitiver Art, oft Infos, die wir „eigentlich" gar nicht wissen können.

- Die große Urkraft Intuition muss sich nicht um uns bemühen, wir müssen lernen, besser auf sie zuzugehen.

- Die wichtigste Andockstelle an das große Netzwerk der Intuition ist unser Unterbewusstsein.

- Dieses wiederum erreichen wir im Zustand abgesenkter Gehirnwellen, bei denen der Verstand elegant umgangen wird – in Trance, im Autogenen Training, in der Meditation.

- Den Verstand umgehen wir in diesen Momenten, weil unser Intellekt hier nicht zuständig ist. Denn hier geht es ja nicht um logische Überlegungen und Abwägungen, sondern um das Fließen von Informationen vom Millionen Jahre alten Unterbewusstsein über das ebenso alte gesamte Menschheitsgedächtnis zur Urkraft Intuition und zurück.

- Die Unterbewusstseinsarbeit hat einen wunderbaren Nebeneffekt: Entspannende Meditationen bauen Stress ab, gleichen aus, stärken das Immunsystem, wirken lange positiv nach und sind so wohltuend ...

TEIL II:

Dr. Verena Breitenbach:
Intuition aus der Sicht einer Ärztin

„Intuition ist aus meiner Arbeit gar nicht mehr wegzudenken"

Dr. Verena Breitenbach, der Öffentlichkeit auch durch eine Pro7-Fernsehsendung bekannt, Autorin von Büchern (z. B. „Endlich gut drauf", Droemer) und CDs, Expertin für medizinische Fragen in zahlreichen Medien, ist Frauenärztin mit ganzheitlichem Schwerpunkt in Naturheilkunde und Homöopathie in Süddeutschland. Die Medizinerin, die in Deutschland, den USA, England und der Schweiz studierte, sieht eine ärztliche Praxis weniger als „Reparaturbetrieb" für einzelne Körperregionen und -organe, sondern als Möglichkeit, Menschen ganzheitlich zu therapieren und im Sinn einer Gesunderhaltung in ihre Mitte zu bringen. So betrachtet sie Krankheiten nicht nur als punktuellen Aspekt, sondern in ihrem gesamten Zusammenhang von Körper, Geist und Seele.

Dieser Zusammenhang muss nach ihrer Erfahrung durchaus bis in den Bereich der Intuition gesehen werden, weil sie hilft, Krankheiten früher zu spüren und eine komplexe Betrachtung des Krankheitsgeschehens zu erleichtern – diese wiederum führt in der Vorsorge wie auch bei der Heilung zu wesentlich besseren Erfolgen, so Breitenbach. Tatsächlich hat die engagierte Ärztin nicht selten die Erfahrung gemacht, dass Patientinnen, die früh auf ihr eigenes Gespür hörten und dies der Ärztin mitteilten, rasch geholfen werden konnte. Auf der anderen Seite wurde ihr in jahrelanger beruflicher Praxis auch deutlich, dass für sie selbst die Beachtung ihrer Intuition bei der Diagnose und Behandlung von Patienten eine nicht unerhebliche Rolle spielt.

Dr. Verena Breitenbach schildert in diesem Buchteil das Wesen und Wirken der Intuition aus ihrer Sicht und berichtet über Erfahrungen in ihrer praktischen Arbeit als Ärztin. Die Intuition wäre, sagt sie, „aus meiner Arbeit gar nicht mehr wegzudenken".

Die intuitive Weisheit meiner Patientinnen

Wenn man gar nicht gegen die Vernunft sündigt, kommt man zu überhaupt nichts.

Albert Einstein

Wenn ich meine schwangeren Patientinnen betrachte, bin ich immer wieder erstaunt, wie viel Intuition wir Menschen in uns haben. Schwangere Frauen sind so sehr in ihrer Mitte, dass sie von der Außenwelt kaum beeinflussbar sind und intuitiv wissen, was ihnen guttut und was nicht. Dabei müssen sie nicht einmal darüber nachdenken. Sie machen es einfach. Und meistens richtig.

Zum Beispiel bei der Ernährung. Manche Frauen, die nie Obst gegessen haben, sind nun wild darauf, andere müssen plötzlich Fisch oder Nüsse essen. Wieder andere brauchen Joghurt, andere vermehrt Fleisch oder essen nur vegetarisch und können viele Dinge, die sie sonst geliebt haben, weder essen noch riechen. Meistens essen Schwangere wirklich gesunde Sachen und sie spüren intuitiv, was sie und ihr Körper brauchen. Erstaunlich ist auch, dass es in der Schwangerschaft kaum Essstörungen gibt sowie wenig andere Süchte. Die Natur schützt uns davor. Oder besser gesagt: unsere Intuition. Viele besonders schlanke Frauen nehmen in der Schwangerschaft plötzlich zwanzig Kilo zu, doch nehmen sie nach der Schwangerschaft auch wieder schnell ab. Sie und ihr Kind brauchen einfach in der Schwangerschaft diese Schutzschicht.

Auch beim Sport haben schwangere Frauen ein sicheres Gefühl dafür, was ihnen und dem Baby guttut. So manche passionierte Reiterin steigt mit Beginn der Schwangerschaft auf kein Pferd mehr. Wobei Reiten tatsächlich nicht unbedingt der geeignete Sport in der Schwangerschaft ist, das weiß auch der Verstand. Andererseits aber reiten manche Frauen ohne Probleme bis zur Geburt. Genauso verhält es sich mit Fitness oder Joggen. Einige Frauen vertragen es, andere ziehen lieber sanftes Walking, Schwimmen oder Yoga vor. Alle haben ein erstaunliches inneres Wissen, was ihnen bekommt.

Wer lange bedenkt, der wählt nicht immer das Beste.

Johann Wolfgang von Goethe

Sie denken nicht lange darüber nach, sie tun einfach das, was sie als richtigen Weg fühlen, und liegen damit meistens richtig. Sogar jene Frauen, die mit Körpergefühl oder Intuition vor ihrer Schwangerschaft wenig am Hut hatten, spüren ihre Intuition ganz deutlich von dem Tag an, an dem sie merken, dass sie schwanger sind. Als Ärztin bin ich dann immer wieder erstaunt, wie die Natur sich in gewissen Situationen durchsetzt und wie sehr wir uns tatsächlich auf unser „Körperwissen" verlassen können.

Nachdem diese Frauen ihr Kind zur Welt gebracht haben, verlassen sie sich automatisch weiterhin auf ihre Intuition. Sie spüren für sich, aber noch viel mehr für ihr Kind, was ihnen und ihm bekömmlich ist. Sie fühlen sogar, wenn Gefahr droht. Wie oft hat eine Mutter ganz unvermittelt in einem bestimmten Augenblick das Gefühl, jetzt sofort nach ihrem Kind schauen zu müssen. Und kann das Kleine gerade noch rechtzeitig schützen, wenn es dabei ist, irgendwo hinaufzuklettern oder einen Metallgegenstand in eine Steckdose zu stecken. Wir können so viel spüren und fühlen. Unser sechster Sinn funktioniert, wir können uns auf ihn fast immer verlassen. Ist das nicht fantastisch?

Mir wird gerade in den besonderen Situationen im Leben eines Menschen wie Krankheit oder Geburt eines Kindes immer wieder deutlich, wie unendlich viel Intuition wir in uns haben, wenn wir sie nur zulassen. Die Natur oder die Schöpfung – wie auch immer man das benennt – scheint sich dann besonders stark durchzusetzen, wenn es um so wichtige Dinge wie das Überleben geht. Fast jeder kennt das auch vom Autofahren. Wir sind mit den Gedanken abwesend, drehen gerade am Radio oder beschäftigen uns unerlaubterweise mit unserem Handy, und urplötzlich haben wir das Gefühl, sofort auf die Straße schauen zu müssen, und genau das bewahrt uns vor einem Unfall. Analog gibt es unzählige Situationen im Leben, in denen unsere Intuition uns vor schlimmen Ereignissen bewahrt. Wir müssen nur auf sie hören und ihre Zeichen ernst nehmen.

Wie oft habe ich Frauen sagen hören: „Frau Doktor, ich habe keine Schmerzen, nichts, aber ich hatte einfach so ein ungutes Gefühl, dass irgendetwas mit mir nicht stimmt, und ich dachte, ich muss jetzt nach Jahren sofort wieder zum Arzt gehen." Häufig waren diese Patientinnen dann wirklich erkrankt. Oft standen die Erkrankungen am Anfang und konnten gut geheilt werden, weil die Frauen auf ihre Intuition gehört hatten.

Ich bestärke meine Patientinnen immer in der Intuition, rate ihnen, auf ihre innere Stimme zu hören. Das fängt bei der Verhütung an. Ich zeige ihnen verschiedene Verhütungsmethoden und lasse sie nach ihrer Intuition entscheiden, wenn medizinisch alles abgeklärt ist. Haben sie sich für eine Methode entschieden, treten meistens auch keine Probleme auf. Denn jeder Mensch weiß, was ihm guttut und muss sich nicht alles sagen lassen, er kann sich selbst und seiner Intuition vertrauen. So gibt es etwa Frauen, die auf keinen Fall die Hormonspirale möchten, egal wie gut sie auch sein mag. Für diese Frauen ist sie eben nicht gut. Nie würde ich versuchen, sie vom Gegenteil zu überzeugen. Denn sie wissen einfach besser, was für sie passt. Und gerade diese Frauen würden sicherlich Probleme mit der Spirale bekommen. Ich habe bei all meinem ärztlichen Wissen und meiner Erfahrung Respekt vor dem klaren intuitiven Fühlen von Patientinnen.

Ich könnte dazu noch viele weitere Beispiele aufzählen. Wenn es medizinisch vertretbar ist, lasse ich meine Patientinnen auch wählen, ob sie lieber eine homöopathische, pflanzliche oder schulmedizinische Therapie möchten. Ich bieten ihnen mein Wissen an und lasse sie wählen. Denn sie wissen dann selbst, was ihnen guttut. Wenn ich es dann noch kinesiologisch teste, komme ich meistens auf das gleiche Ergebnis. Ist es nicht erstaunlich? Wir wären dumm, wenn wir dieses große Wissen nicht nutzen würden, nur weil wir uns mit den bisher erreichten naturwissenschaftlichen Erkenntnissen für noch klüger halten.

Auch ich selber verlasse ich mich neben dem medizinischen Wissen auf meine Intuition. Eigentlich geht beides auf fließende Weise Hand in Hand. Manchmal habe ich gegen jegliche medizinische Logik das Gefühl, es stimmt bei dieser oder jeder Patientin etwas nicht; ich gehe dann dem Gefühl nach und entdecke meist tatsächlich noch eine Erkrankung beziehungsweise ein Problem. Alten erfahrenen Landärzten oder Hebammen geht es ebenso; oft sagten sie mir: „Ich rieche es förmlich." Eine der Hebammen, bei der ich gelernt hatte, sagte häufig bei Geburten, die schwierig zu werden schienen, „es ruht kein Segen darauf", und meistens hatte sie Recht.

Ähnliches ist von Schamanen und Heilern bekannt. Auch sie sehen oder spüren, was dem Patienten fehlt, wo die Krankheit sitzt. Manche können dann tatsächlich auch auf dieser energetischen Ebene heilen. Ich habe diese Erfahrung mehrfach gemacht und kann es nur bestätigen (auch wenn ich durchaus weiß, dass man bei Schamanen und Heilern Spreu und Weizen trennen muss…). Denn letztlich ist alles nur Schwingung: wir, unser Denken, Fühlen, unser Körper, unsere Gesundheit und unsere Erkrankungen. So ist auch Intuition Schwingung. Wenn wir uns auf sie einlassen, können wir sie nutzen. Sie ist ein guter und beständiger Freund, der nur unser Bestes im Sinn hat.

Man entwickelt im guten Kontakt mit diesem Freund als Arzt oder Therapeut auch einen „Riecher" dafür, wenn und wo etwas nicht stimmt. Das Wort „Riecher" kommt auch nicht von ungefähr, da das Riechhirn einer der ältesten Hirnanteile ist und bei Emotionen und der Intuition seit Urzeiten eine wichtige Rolle spielt. Leider lernen wir Ärzte solche Dinge nicht in der Ausbildung, dabei wäre es so wichtig. Immerhin gibt es einige Länder – Deutschland gehört nicht dazu –, in denen eine Grundausbildung in Hypnose zum Medizinstudium gehört, da haben Mediziner dann wenigstens ein Wissen über Funktionen des Unterbewusstseins. Ich hoffe, dass sich die Schulmedizin künftig unverkrampfter für diese Bereiche des Lebens öffnet. Die alten Kräuterfrauen, die einst sogar als Hexen verbrannt wurden, hatten dieses Wissen. Leider ist es im Lauf der Zeit verloren gegangen. Nicht zuletzt deshalb, weil viele Menschen stets nur das Entweder-oder gelten ließen, entweder Verstand oder Intuition. Dabei können die beiden wunderbar zusammenspielen.

Wie intuitive Gedanken sogar Leben retten

In meiner Zeit als Assistenzärztin erlebte ich eine Situation, in der ich, meiner Intuition folgend, einer Frau das Leben retten konnte. Es gibt in seltenen Fällen eine Schwangerschaftsvergiftung auch nach der Geburt, die plötzlich anfängt und sehr dramatisch verläuft, in einigen Fällen sogar tödlich. An einem Nachmittag, an dem ich mit meiner Arbeit fertig war und endlich nach über 30 Stunden Dienst hätte heimgehen können, hatte ich trotz großer Müdigkeit das drängende Gefühl, nochmal zu einer Patientin ins Zimmer schauen zu müssen. Diese Frau hatte am Morgen ihr Kind zur Welt gebracht und alles war unauffällig verlaufen.

Es gab also keinen objektiven Grund, nochmals in ihr Zimmer zu gehen. Aber eine innere Stimme sagte zu mir: Tu das. Ich tat es und fand die Patientin mit Krampfanfällen in ihrem Bett. Die Schwangerschaftsvergiftung hatte bereits begonnen. Da ich sie aber noch rechtzeitig entdeckt hatte, konnten wir sie sofort therapieren und retten. Es war für mich ein einschneidendes Erlebnis: Seit diesem Tag vertraue ich immer auf meine innere Stimme und habe viele Male erlebt, dass ich damit richtig lag.

In Amerika wird inzwischen Intuition bei Medizinstudenten trainiert, indem sie Erfahrungsberichte älterer Ärzte lesen und so die ärztliche Kunst nicht nur über trockene wissenschaftliche Fakten lernen. Denn die Wissenschaft ist nicht die letzte Wahrheit, sie ist nicht immer so unantastbar objektiv, wie sie sich gibt. Zu viele wissenschaftliche Studien habe ich gelesen und hinterfragt, um feststellen zu müssen, wie einfach sich Parameter und Faktoren ändern lassen, um zum gewünschten Ergebnis zu kommen ... Auch das ist Realität, leider.

Ich will die Wissenschaft selbstverständlich nicht verteufeln, wir brauchen sie, und sie tut sicherlich viel Gutes. Aber ich möchte Sie ermutigen, sich und ihrem inneren Wissen mehr zu vertrauen und so manches zu hinterfragen und nicht einfach alles zu glauben, was sie lesen, hören oder von außen zugetragen bekommen. Denn damit geben wir auch ein Stück Verantwortung ab und sind sicherlich auch eher manipulierbar.

Wir und unser Körper wissen viel mehr, als wir vermuten oder es uns bewusst ist. Es kann uns ja auch nicht „bewusst" sein, denn diese Kräfte sitzen nicht im Bewusstsein und nicht im Verstand. Wenn wir dieser Kraft in uns vertrauen, dann sind wir bei unserer Intuition. Und je häufiger und aufmerksamer wir das tun, desto häufiger wird sich die Intuition bei uns melden, so einfach ist das. Es ist eine sich gegenseitig bedingende Kommunikation. Damit leben wir leichter und einfacher. Noch ist dieses Phänomen nicht klar wissenschaftlich definiert – aber ist etwas nicht gut, nur weil wir noch für lange Zeit oder vielleicht für immer unfähig sein werden, es wissenschaftlich detailliert zu beschreiben?

Das Wort Intuition kommt aus der lateinischen Sprache und bedeutet Anschauung und Ansicht über etwas (intuire = genau hinsehen). Ich finde, das beschreibt die Intuition sehr inhaltsvoll. Wir Frauen haben vielleicht einen etwas leichteren Zugang zur Intuition als Männer, aber da geht es eher um nur kleine Blockaden, die Männer leicht auflösen können. Eine der Blockaden rührt vielleicht daher, dass es bislang für einen Mann nicht ganz so gesellschaftsfähig ist, seine Intuition zu leben, man erwartet bei ihm eher ein betont rationales und analytisches Verhalten. Erst allmählich wagen es auch Männer, von ihrer Intuition zu sprechen, und in letzter Zeit hält der Begriff sogar in Managerkreisen Einzug, wo bislang bei jeder Entscheidungsfindung stets die Ratio betont wurde.

Aber sind denn die angeblich verstandesmäßigen Entscheidungen wirklich immer so rein intellektuell entstanden? Konnte jeder Unternehmer den Erfolg seiner Schritte vorher an Exceltabellen ablesen oder vom Wirtschaftsprüfer ermitteln lassen? Oder spielt nicht bei jeder Entscheidung – vielleicht ganz unbewusst – das Spüren, die Intuition mit hinein? Eines der eindruckvollsten Beispiele dafür ist Steve Jobs, Milliardär und Mitgründer des heutigen Computergiganten Apple, der gegen jede logische Beratung seiner Mitarbeiter und Marktexperten in einer Zeit der Rezession den iPod auf den Markt gebracht hatte, also entgegen jeder rationalen unternehmerischen Logik. Was für eine gigantische Erfolgsgeschichte der iPod schrieb und weiterhin schreibt, ist ja bekannt.

Oder denken Sie an Walt Disney, der daran glaubte, dass Zeichentrickfilme erfolgreich sein würden, obwohl ihn viele Produzenten abwiesen. Fragt man Unternehmer von Rang, warum sie sich so oder so entschieden haben, sagen sie fast immer: „Ich hatte es einfach so im Gefühl" oder: „Plötzlich wusste ich, was ich tun sollte." Der frühere Chef von Ford erzählte in einem Interview auf die Frage, wie er letztlich zu Entscheidungen über die nächsten Automodelle komme, wo es doch um gigantische Investitionen gehe, er kläre zuerst einmal mit dem Wissen seines Harvard-Studiums natürlich alle Vorgaben sachlich ab. Aber die letzte Entscheidung, welcher Prototyp in Serie gehe und welcher nicht, die würde er dann ohne jeden anderen Einfluss nur „aus dem Bauch heraus" treffen. Wenn Macher an etwas glauben und sich beherzt dafür einsetzen, verlassen sie sich meist auf die Unterstützung ihrer inneren Stimme. Auch Mr. Kentucky wurde mit seinem Hühnchenrezept über tausendmal abgewiesen, aber er glaubte an seine innere Stimme, folgte ihr und setzte sich schließlich mit seiner Restaurantkette Kentucky Fried Chicken durch.

Von Tieren ist es längst bekannt, dass sie Angst riechen können und dann entsprechend reagieren. Tiere haben eine starke Intuition, Hunde-, Pferde- oder Katzenhalter können das bestätigen. Allerdings müssen wir beim Tier wie beim Menschen die Intuition vom

Instinkt trennen. Instinkt ist ein einfaches Verhaltensprogramm, ein uraltes Muster, das ohne unser Zutun abläuft. Intuition ist etwas Spontanes, Kreatives, das uns zwar häufig nicht bewusst ist, aber vielschichtiger abläuft, weiter zugreift als nur auf Körperfunktionen und -organe. Instinkt ist eine angeborene Fähigkeit, die seit Millionen von Jahren genetisch vorprogrammiert, sozusagen standardisiert ist; Intuition ist dagegen eine Art Begabung, die uns immer wieder neue Botschaften aus noch nicht definierbaren Kanälen bringt. Intuition kommuniziert, ist sozusagen ansprechbar und beinhaltet immer neue Vernetzungen, ist dynamisch, impliziert eine stetige Weiterentwicklung. Vorausgesetzt, man gibt ihr Raum und traut seiner eigenen Wahrnehmung. Nur wer seine persönliche Form der Informationsaufnahme und -verarbeitung als stimmig erlebt, entwickelt auch die für die Intuition notwendige Sensibilität für zarte Schattierungen und Zwischentöne.

Täglich treffen wir 80.000 bis 100.000 Entscheidungen, vom Krümmen des Fingers bis zum Überholmanöver. Die Intuition ist dabei eine wichtige und oft unbewusste Entscheidungshilfe. Tatsächlich fließt ihre Kraft in über neunzig Prozent unserer Entscheidungen ein. Nur zehn Prozent werden kognitiv gefällt, selbst bei Menschen, die behaupten, sie seien reine Verstandesmenschen. In einer scheinbar logischen Welt mit all ihren Formeln, Leitsätzen, Prognosen und Berechnungen wird das gerne verdrängt. Verdrängen heißt jedoch, dass bei mir selbst zwar die Intuition immer wieder mal mit hineinwirkt, ich aber mit ihr nicht permanent in einer so guten Beziehung stehe, dass ich daraus das Optimale mache, sie vielleicht sogar aktiv ansprechen, also intuitive Botschaften gezielt aktivieren kann.

Mehr Vertrauen in die Intuition, konkretes Arbeiten mit ihr kann für viele Menschen der Schlüssel zu mehr Glück und Erfolg sein. Denn der Mensch weiß mehr, als er *denkt* zu wissen. Seine großen Wissensschätze lagern ja auch nicht im Verstand, er kann sie über rationales Denken nicht finden, er muss über das Unterbewusstsein gehen. „Der Verstand, den Menschen einsetzen, um vermeintlich kluge Entscheidungen zu treffen, ist begrenzt und macht nur einen kleinen Teil unseres tatsächlichen Wissens aus", sagt der amerikanische Intuitionsforscher Milton Fisher.

Man denke nur an die Situation, wenn man plötzlich intuitiv meint, sich umdrehen zu müssen. Und siehe da, es steht wirklich jemand hinter einem. Wie aber hätte man die Person sehen sollen, wo doch die Augen vorne sind? Wie hat man sie wahrgenommen? In früheren Situationen hat dieses „intuitive Sehen" sicher vielen das Leben gerettet, wenn etwa ein feindlicher Krieger oder der Säbelzahntiger hinter einem stand. Bis heute funktioniert diese intuitive Fähigkeit hervorragend, sofern man lernt, sie auch gut wahrzunehmen. Der Säbelzahntiger steht heute nicht mehr hinter uns, aber nach wie vor kann man sagen, dass die Intuition in vielen Fällen eine Überlebensfunktion hat.

Schnelligkeit und Vernetzungsfähigkeit machen die Intuition einmalig

Vielleicht könnte man auch sagen, Intuition ist gefühltes Wissen und gibt uns die Fähigkeit, unbewusst, blitzartig und in Gänze Sachverhalte und Situationen zu erfassen, Entscheidungen zu treffen und zu handeln. Die Intuition ist schneller und sicherer als der logische Verstand, der erst alle Details auswerten und abwägen muss und dann trotzdem noch zu falschen Entscheidungen kommen kann. Unser System aus Körper, Geist und Seele weiß, wo es die Hilfe von außen braucht und was zu tun ist; es weiß über sich selbst besser Bescheid als die intellektuelle Steuerung. Stellen Sie sich vor, Sie müssten erst den feindlichen Krieger, der hinter Ihnen steht, analysieren, seine Größe, seinen Stamm, seine Waffen, um dann nach langem intellektuellem Abwägen der Fakten irgendwann über Handlungsmöglichkeiten zu entscheiden ... da wären Sie schon lange tot, bevor alle Daten ausgewertet sind. Die Intuition aber kann sofort erfassen und entscheiden, ob es besser ist, zu kämpfen, zu rennen oder sich zu ergeben.

Intuitives Denken ist wahrnehmungsähnlich, schnell und mühelos.
Daniel Kahnemann, Nobelpreisträger für Wirtschaftswissenschaften 2002

Bei intuitiven Entscheidungen wird Wissen abgerufen, manchmal ganz sicher aus uns bislang unbekannten Weiten, oder oft ganz einfach ein Wissen, das wir irgendwann über unsere fünf Sinne wahrgenommen und gespeichert oder als altes evolutionäres Wissen mitbekommen haben. Man könnte vermuten, dass in diesem Fall zum Abrufen des Wissens doch der rationale Verstand geeignet sei. Das funktioniert aber nicht. Jeden Moment nehmen wir Millionen von Sinneseindrücken auf, das Gehirn kann aber nur etwa vierzig pro Minute verarbeiten. Der Rest wandert in einen anderen Speicher: in das Unterbewusstsein. Dort werden die Eindrücke gelagert und verarbeitet. Für den Verstand ist dieses Wissen nicht mehr spontan erreichbar. Bei der Intuition dagegen dringt das Wissen vom Unterbewusstsein ins Bewusstsein (das geht durchaus *ohne* die Beteiligung des Verstandes, aber dennoch *mit* eventuell nötigen Fakten, denn die werden ja auch im Unterbewusstsein abgespeichert; ja, man weiß heute, dass vieles, was wir erlebt haben, in allen Körperzellen als Information gespeichert wird…) und ermöglicht diesem, blitzschnelle Entscheidungen zu treffen. Die Intuition zeichnet sich eindeutig nicht nur durch ihre Schnelligkeit aus, sondern auch durch ihre Fähigkeit, in Rasanz alle möglichen Querverbindungen zu schaffen, zu korrelieren, zu vernetzen. Das spart dem Gehirn übrigens auch unglaublich viel Energie und sichert uns Menschen das Überleben, indem schnell Situationen und Muster analysiert und erkannt werden.

„Die Intelligenz des Unterbewusstseins besteht darin, in jeder Situation auf die passende Faustregel zurückzugreifen", sagt der Psychologe Gerd Gigerenzer, Direktor am Max-Planck-Instititut für Bildungsforschung in Berlin.

Der Preis für so einen Einsatz der Intuition ist der Verzicht auf bewusstes Wissen. „Gute Intuition ignoriert Informationen", so Gigerenzer, der seit Jahren die Intuition erforscht und das interessante Buch „Bauchentscheidungen: Die Intelligenz des Unbewussten und die Macht der Intuition" schrieb. Wer intuitiv sein will, darf sich also keine Gelegenheit geben, über sein Handeln nachzudenken, weil dies zu nachträglichen Korrekturen über den Intellekt führen könnte, die dann auf die falsche Spur führen. Gerade stressige Berufe wie Notärzte und Feuerwehrmänner müssen sich oft „blind" auf ihre Intuition verlassen. Sie haben im zeitlich extrem engen Entscheidungsdruck ohnehin keine andere Wahl. Und meistens liegen sie damit richtig. Denn analytisch kann unser Gehirn gar nicht so schnell und richtig reagieren. Die Ratio ist langsamer und fehleranfälliger, sodass sie einen unbewussten Berater braucht, der ihr schnell und zuverlässig zur Seite steht. Der Vorteil der Intuition ist, dass sie auch sehr komplexe Sachverhalte schlagartig besser erkennt und sich nicht mit verwirrenden Details aufhält.

Das gilt nicht nur für Notfälle. So gab es Untersuchungen, nach denen Laien gefühlsmäßig Aktienkurse gut einstuften und manchmal besser agierten als Börsenspezialisten. Aha, werden Sie vielleicht sagen, dann brauchen wir ja keine Analysten mehr. Das ist nicht ganz richtig. Intuitiv griffen diese Laien auf Informationen zu, die sie in ihrem Gehirn gespeichert hatten, und setzten sie unbewusst ein. Der Vorteil gegenüber den Börsenfachleuten war vielleicht, dass sie Verstand und Intuition in einer natürlichen und perfekten Abstimmung nutzten, während sich die anderen wahrscheinlich ausschließlich in intellektuellen Details verloren.

Das ist der springende Punkt: Auch Intuition setzt ein gewisses Wissen im betreffenden Gebiet voraus. So habe ich zum Beispiel viel Intuition im medizinischen Bereich, wäre jedoch als Flugzeugpilot mit meiner Intuition verloren, da mir da das entsprechende Wissen fehlt. Intuition ist also keine rosarote esoterische Geschichte, sondern dann dem Ziel entsprechend wirksam, wenn der Mensch der Intuition als Grundlage ein zielgerichtetes Wissen bieten kann.

Das Gehirn ist mehr als nur Verstand

Intuitiv zu handeln heißt also, das Wissen im Hintergrund zu haben und dann auch mitspielen zu lassen, ohne es dabei ins Bewusstsein kommen zu lassen. Der kanadische Starpianist Glenn Gould überlistete sich ab und zu selbst. Wenn er nichts Kreatives zustande brachte, schaltete er Staubsauger, Fernseher und Radio ein, um abgelenkt zu werden, um seinen quälenden, zweifelnden Intellekt abzulenken und keine Zeit zum Nachdenken zu haben. Und plötzlich war er befreit und das Klavierspiel ging ihm von der Hand. Vielleicht lässt sich irgendwann sogar ein Transmitter (Botenstoff) bei der Intuition feststellen … Das ist zwar nicht notwendig, aber wenigstens wäre dann unsere analytische Intelligenz zufrieden. Doch wer diese bestätigenden Krücken nicht braucht, der kann und darf sich hier und jetzt auf seine Intuition verlassen, diese älteste Form der Intelligenz.

Schauen wir uns einfach mal an, *was* sich da im Gehirn bei uns *wie* entwickelte.

Das Gehirn

Zunächst möchte ich Sie dazu in die Anatomie des Gehirns entführen. Mehr als 650 Millionen Jahre brauchte die Evolution, um die Nervensysteme der Tierwelt zum menschlichen Gehirn weiterzuentwickeln. Vereinfacht besteht es aus den fünf Hauptbereichen Großhirn, Kleinhirn, Zwischenhirn, Mittelhirn und Hirnstamm.

Dabei kann man sagen: Je weiter unten die Hirnareale liegen, desto älter sind sie und desto mehr beschäftigen sie sich mit wichtigen Lebensfunktionen wie Atmung, Herzschlag usw. Dementsprechend entwickeln sie sich beim Baby im Bauch auch in dieser Reihenfolge, vom Hirnstamm aufwärts. Je weiter oben die Gebiete liegen, desto neuer sind sie und desto mehr übernehmen sie Funktionen wie Denken, Reflektieren und die Ausbildung eines Bewusstseins – beim Baby im Bauch entwickeln sich diese Hirnareale als Letztes. Aber diese biologischen „Hierarchien" bedeuten nur Abgrenzungen, keine Abtrennungen: Alle Hirngebiete, ja, alle Nerven im ganzen Körper sind schließlich miteinander verbunden und nehmen Einfluss aufeinander. Vom Körper bis zum Weltall gilt: Es ist bei aller Unterschiedlichkeit alles auf irgendeine Weise miteinander vernetzt, und nur dadurch funktioniert es.

Der Hirnstamm

Vor dem Hintergrund der Evolution betrachtet, ist der Hirnstamm uralt. Er wird auch als „Reptiliengehirn" bezeichnet. In ihm werden alle ursprünglichen Funktionen gesteuert, die sich ebenso bei niederen Wirbeltieren nachweisen lassen. In diesem Teil des Gehirns unterscheiden wir uns also wenig vom Krokodil. Der Hirnstamm und das Mittelhirn sind außerordentlich wichtig: Hier werden die Reflexe gesteuert, und durch das verlängerte Mark hält es die Fäden zu Atmung, Herzschlag und Kreislauf in der Hand. Außerdem werden hier die Signale für die Schutzreflexe gegeben, wie Niesen oder Husten. Der überlebenswichtige Saugreflex von Neugeborenen hat hier seinen Ursprung, genauso wie der Fluchtreflex bei plötzlich auftauchenden Gefahren.

Das Mittelhirn

Das Mittelhirn ist ein Teil des Hirnstammes und leitet Sinneseindrücke an das Großhirn weiter. Es steuert aber auch Augenmuskelbewegungen und leitet Sinneswahrnehmungen weiter.

Das Zwischenhirn

Das Zwischenhirn ist der Mittler zum Großhirn. Hier laufen alle Informationen der Sinnesorgane zusammen und werden weitervermittelt. Über den Hypothalamus werden zahlreiche körperliche und psychische Lebensvorgänge und das vegetative Nervensystem gesteuert. Auch die Schaltzentrale für Hormone sitzt hier. Ferner werden im Zwischenhirn Schlaf- und Wachrhythmus, Temperatur- und Schmerzempfindung geregelt.

Das Kleinhirn

Das Kleinhirn ist für Gleichgewicht, Bewegungen und deren Koordination verantwortlich. Bei Vögeln und anderen Tieren, die sich auf extreme Weise bewegen, ist es oft besonders gut ausgebildet. Es scheint auch beim unbewussten Lernen, beim Spracherwerb und dem sozialen Lernen eine Rolle spielen.

Das Großhirn

Das Großhirn teilt sich in zwei Hälften: die linke und die rechte Hemisphäre. Der sogenannte Balken verbindet beide miteinander. Er besteht aus rund 200 Millionen Nervenfasern und stellt so etwas wie die Datenautobahn zwischen den korrespondierenden Arealen links und rechts dar. Die motorischen und sensorischen Areale in den beiden Hemisphären sind jeweils für eine Körperhälfte zuständig. Die linke Hirnhälfte steuert dabei die rechte und die rechte Hirnhälfte die linke Körperhälfte. Bei Rechtshändern dominiert entsprechend die linke Gehirnhälfte, während bei Linkshändern die rechte stärker ausgeprägt ist. Das Großhirn gehört zu den neueren Hirnarealen. Es unterteilt sich in die zwei bis vier Millimeter dicke Großhirnrinde mit rund zwanzig Milliarden Nervenzellen, und das Großhirnmark. Im Großhirn laufen alle kognitiven Prozesse ab, hier sitzen die Ratio und das analytische Denken; wobei in der linken Hemisphäre eher rationale Prozesse und in der rechten eher gefühlsmäßige Prozesse ablaufen.

Das limbische System

Das limbische System gehört zu den alten Teilen des Großhirns. Es verarbeitet Emotionen und Triebverhalten, wobei es mit der Großhirnrinde zusammenarbeitet. Das limbische System wird auch „Gefühlszentrum" oder „Säugetiergehirn" genannt. Es besteht aus zahlreichen Strukturen, und noch immer streiten Gelehrte, was alles zum limbischen System gezählt werden darf. Einig ist man sich darin, dass es das zentrale Bewertungssystem im Gehirn ist. Hier sind Emotionen und Erinnerungen gespeichert, hier werden Urteile gefällt, was uns guttut und was uns schadet.

Alle Reize, die wir über unsere Sinnesorgane wahrnehmen, werden im limbischen System verarbeitet und bewertet. Es ist unsere Triebfeder, das Teufelchen auf unserer Schulter, und verleitet uns gern zum „Habenwollen" und „Machenwollen", wenn die Ratio „zu teuer" oder „keine Zeit" sagt. Das limbische System ist also, neben anderen Hirnregionen, nicht ganz unschuldig, wenn dann doch die neueste Designerhandtasche an unserer Schulter hängt, obwohl wir uns zügeln wollten, der nächste Cappuccino geordert wird, obwohl wir schon Herzrasen haben, oder das neueste Handy in der Hosentasche klingelt, wo wir doch bei technischen Produkten Zurückhaltung üben wollten.

Das Frontalhirn

Der Frontallappen ist Teil der Großhirnrinde und sitzt direkt hinter der Stirn des Menschen. Er gehört zu den kompliziertesten Abschnitten des Gehirns und macht beim Menschen etwa 25 Prozent der Hirnmasse aus. Während andere Hirnareale wie das verlängerte Mark in den letzten Jahrtausenden kaum gewachsen sind, hat das

Frontalhirn immer noch zugenommen. Je komplexer die Welt ist, desto mehr brauchen wir es ganz offensichtlich.

Noch vor wenigen Jahrzehnten galt diese Region der Fachwelt allerdings als vollkommen entbehrlich. Besonderes Interesse weckte nur ein Teil von ihm, das sogenannte Brodmann-Areal 10, auch BA 10 genannt, das besonders stark mit anderen Hirnarealen vernetzt ist, die mit anderen, höheren geistigen Aufgaben betraut sind. Es scheint da so etwas wie eine Oberaufsicht über die mentalen Prozesse zu führen.

Aktiv ist dieses Areal, wenn Probanden Entscheidungen treffen müssen. Hier scheinen neunzig Prozent aller Entscheidungen intuitiv gefällt zu werden. Auch lassen sich dabei rein analytische von emotionalen Entscheidungen nicht trennen. Denn wenn die Emotion wegfällt, gibt es keine Entscheidung. Eine Schädigung des Frontalhirns führt zu einer Störung komplizierter psychologischer Prozesse. Die Menschen sind dann nicht mehr fähig, komplexe Aufgaben auszuführen, Entscheidungen zu treffen und den Effekt ihrer Handlungen einzuschätzen. Das Frontalhirn spielt eine entscheidende Rolle bei der Selbstregulierung komplizierter Formen bewusster psychischer Tätigkeit.

Die intuitiven Prozesse spielen sich, soweit man derzeit weiß, hauptsächlich in der Großhirnrinde ab, die sich wie eine Kappe über das Großhirn stülpt. Auch hier scheint die Kommandozentrale in diesem Stirnlappen zu liegen. Emotionen liegen wohl eher im limbischen System, das unterhalb des Großhirnes liegt. Hier spielen besonders die Amygdala und der Gyrus cinguli eine Rolle.

Auch der sachliche Ausflug in Konstruktion und Funktion unseres Gehirns zeigt mir letztlich: *Ich denke, also bin ich"* – „cogito ergo sum". Dieser Satz des Philosophen René Descartes (1596–1650) kann so nicht mehr gelten. Menschen, die nur denken, gibt es nicht.

Menschen, die nur denken, können nicht sein. Menschen ohne Gefühle und ohne Intuition wären nicht überlebensfähig. Vielleicht sollte man den Satz umwandeln in: *„Ich fühle, spüre und denke, also bin ich."*

Bauch oder Kopf – oder beides gemeinsam?

Das Herz hat Gründe, von denen die Vernunft nichts weiß.

Blaise Pascal

Wo sitzt denn nun die Intuition, abgesehen von ein paar Vernetzungen im Gehirn, in denen sie auftaucht? Sind Bauchgefühle generell stärker als intelligente Schlussfolgerungen? Oder ist der Bauch nur ein alter Trickser, der immer rebelliert, wenn es um nicht logische Dinge geht? Kann eine Entscheidung aus dem Bauch heraus gut sein?

Bei Entscheidungen oder beim Bewerten von Situationen werden optische oder akustische Reize über den Hippocampus mit gespeichertem Wissen angereichert. Negative Erlebnisse der Vergangenheit lösen ablehnende Gefühle im limbischen System aus, es entstehen hemmende Muster. Viele dieser Vorgänge laufen unbewusst ab, letztendlich entscheiden aber immer Gefühle. Die Gefühlswelt unterhält Kontakte zwischen präfrontalem Kortex und Großhirnrinde (Verstand), aber auch bis in das Stammhirn und den gesamten Körper mit seinen verschiedenen sensorischen Quellen. Dabei fließen auch Urgefühle wie Angst, Schmerz, Lust oder kulturell erworbene Signale wie Scham, Schuld, Verlegenheit, Mitgefühl und so weiter ein. Auch Amygdala und olfaktorisches Gehirn sind damit verbunden.

Die Intuition sitzt also überall im Körper. Das scheint auch die Forschung immer mehr zu entdecken. Und sie sitzt nicht nur im Körper, ist keineswegs in ihm gefangen, sondern geht viel weiter. Was die Forschung allerdings noch beweisen muss, bislang fehlt es hier an den richtigen Erkenntnissen und Ansatzpunkten. Nicht von ungefähr ist unsere Forschung nach wie vor eine reine Trial-and-error-Forschung, um sich so dem Erkennen der ganzen Realität anzunähern.

Unsere intuitive Körperintelligenz zumindest kann man schon recht gut nachvollziehen. Man denke daran, wie Zellen sich selber regenerieren und schädliche Gene entfernen, um Krebs zu vermeiden. Oder man denke daran, wie weiße Blutkörperchen Entzündungsgebiete finden und dort Bakterien, Viren und Entzündungsprodukte entfernen. Den genauen Mechanismus hat man allerdings bis heute noch nicht genau gefunden. Ich könnte unzählige Beispiele aufführen, wie etwa über Akupunktur, Akupressur oder Energiearbeit auf körperlicher Ebene Fehlleistungen durch eine über intuitive Vernetzungen funktionierende Heilkraft therapiert werden.

Aber die Intuition sitzt auch dort, wo wir sie vielleicht am wenigsten vermuten, nämlich im Gehirn. Unser Gehirn arbeitet vielseitig und ist ein extrem leistungsfähiges Organ, das immer noch weiteres Potenzial für neue Erkenntnisse hat, bis ins hohe Alter: Wir sind unser ganzes Leben lernfähig und speichern Informationen ab, um sie dann – unter anderem – eben auch als Intuition wieder verarbeiten zu können.

Genau da tun sich objektive Forscher bis heute schwer. Die eigenartigen Erzeugnisse des Unbewussten waren es seit jeher, die diesen Graubereich menschlichen Wissens und Verhaltens als mystisch erscheinen ließen. Nachdem Ende des 19. Jahrhunderts Sigmund Freud das Unbewusste zu einer Art Rumpelkammer für verdrängte Affekte und Schuldgefühle erklärt hatte, arbeiten Forscher heute an der Rehabilitation des impliziten Wissens und warten mit fundierten Kenntnissen darüber auf, wie das Gehirn im ständigen Abgleich zwischen unbewusst Bekanntem und bewusst Neuem in seinem Bewusstsein konzentriertes Denken verwaltet, Gleichungen löst und den Wocheneinkauf zusammenstellt. Was für eine bunte Vielfalt.

Die Praxis bestätigt, dass vor allem Experten von der Arbeitsweise ihrer rechten Gehirnhälfte profitieren: Sie sind mit intuitiv getroffenen Entscheidungen im Nachhinein zufriedener als mit den Resultaten langen Nachdenkens – obwohl sie ihrer Intuition vor einer Entscheidung weiterhin misstrauen. So befragte die Beratungsfirma Novem Business Applications im vergangenen Jahr 381 Manager, welche Voraussetzungen sie sich für wichtige Entscheidungen wünschen. „Genauere Informationen" antworteten 60 Prozent, 57 Prozent wollten „mehr Zeit" – beides Bedingungen, auf die Menschen bei intuitiven Entscheidungen gerne verzichten. 47 Prozent der Manager gaben jedoch an, besonders erfolgreiche Entscheidungen „eher intuitiv" getroffen zu haben.

Wie das Gehirn bei solch einer Intuitionsleistung vorgeht, wie es Muster erkennt, selbst wenn sie – etwa im Fall individueller Gesichtszüge – mehr oder weniger variantenreich und unvollständig existieren, diese Frage stellte sich Kirsten Volz am Max-Planck-Institut für Kognitionswissenschaften in Leipzig. Volz erforschte die Intuition mithilfe eines Kernspingeräts, das die Gehirnaktivität von Probanden darstellt. In einem Experiment projizierte sie für jeweils 400 Millisekunden unvollständige Bilder von Alltagsgegenständen auf die Brillen, die ihre 15 Probanden in der Kernspinröhre trugen. An einigen Stellen waren die Umrisslinien der Gegenstände herausgefiltert, sodass die Objekte wie mit einem Tintenkiller bearbeitet aussahen. Wenn die Probanden ein Objekt erkannten, meldeten sie das per Tastendruck. „Es war dann immer eine bestimmte Hirnregion aktiv, die wir den medialen orbitofrontalen Kortex nennen", berichtet Volz. „Der ist so etwas wie eine Schaltstelle, die ankommende Informationen daraufhin bewertet, ob das Gehirn etwas Ähnliches bereits kennt."

Das Areal, das aus wahrgenommenen Bruchteilen ein Ganzes generiert, liegt ungefähr dort, wo der Haaransatz beginnt. In Volz' Experiment war diese Hirnregion umso aktiver, je weniger von der ursprünglichen Zeichnung noch zu erkennen war, denn das bedeutete mehr Arbeit für den orbitofrontalen Kortex. Hatte diese Region signalisiert, dass es sich wirklich um einen Gegenstand handelte, wurde eine andere Hirnstruktur aktiv, der Gyrus fusiformis, der für Objekterkennung zuständig ist. Erst danach drückten die Probanden die Taste. Diese Arbeitsteilung zwischen unbewusster und zu Bewusstsein kommender Aktivität beschleunigt die Entscheidungsfindung, weil der Gyrus fusiformis auf das abgesunkene Wissen im orbitofrontalen Kortex zurückgreifen kann.

Eine wichtige Rolle bei der Intuition spielen wohl auch die erst vor kurzem entdeckten Spiegelneuronen. Der Mediziner William Hutchison entdeckte 1999 in Toronto bei einer Patientin mit Depressionen, dass in ihrem Gehirn dieselben Aktivitäten abliefen, wenn sie sich selbst in den Finger stach oder wenn sie beobachtete, wie sich ihr Gegenüber in den Finger stach. Das ist eine wirklich entscheidende Entdeckung in der Hirnforschung. Zum ersten Mal scheint es ein anatomisches Korrelat für Mitgefühl und Empathie zu geben. Können wir uns vielleicht deswegen so gut in andere Menschen einfühlen oder spüren, was in ihnen vorgeht?

Die Hirnforschung ist immer noch ein sehr weites Feld und die Intuition noch ein viel weiteres. Man sollte angesichts dessen, was wir noch nicht wissen, sich vor zu mäkelig-kritischem Verhalten hüten. Und so wie wir froh sind, dass unser Hirn zu unglaublichen Leistungen fähig ist, obwohl wir die meisten Abläufe noch gar nicht erklären können, so sollten wir auch um die unglaublichen Leistungen der Intuition froh sein – und sie ebenso intensiv wie unseren Verstand anwenden.

Körperintuition:
Die Urkraft sitzt in jeder Zelle

Ich bin überzeugt, dass Intuition in jeder Zelle des Körpers sitzt. Sie ist ganz sicher auch stellenweise in unserem Erbgut gespeichert. Intuition beziehungsweise die Fähigkeit, mit ihr aktiv umzugehen, wird seit Millionen von Jahren so weitergegeben wie andere genetische Merkmale auch. Die Intuition mit ihren speziellen persönlichen Ausprägungen gehört zu den Merkmalen eines Menschen wie seine Augen- oder Haarfarbe. Das zeigt für mich die Kinesiologie, bei der man über einen Muskeltest den Körper nach vielem fragen kann, ganz einfach anhand des Muskeltonus. Das hat auch für den Arzt Vorteile: So lassen sich Erkrankungen, Allergien und andere Beschwerden und Fehlfunktionen herausfinden. Der Muskeltest kann auch mitteilen, welche Therapie der Körper braucht und wie hoch die Dosis bei therapeutischen Mitteln sein sollte. Nach meiner Erfahrung sind diese „Botschaften" fast immer richtig. Es ist meistens wirklich frappierend, und ich denke, dass man angesichts so vieler praktischer Belege kaum die Intelligenz des Körpers und die jeder Zelle leugnen kann.

Seit ich mich mit dem Thema beschäftige, weiß ich, dass es die körperliche Intelligenz und die Intuition gibt – ich kann hier das Buch „Der Körper lügt nicht" (von John Diamond, ganzheitlich denkender Arzt, Psychiater und einer der Pioniere der Kinesiologie, über die man in einen guten „Dialog" mit seinem Körper kommt) empfehlen. Denn im ganzen Körper befinden sich Nervenzellen und Rezeptoren, die alle ständig Dinge aufnehmen und verarbeiten, die untereinander und auch mit dem Gehirn kommunizieren. Oft ist noch gar nicht genau bekannt, wie. Sicher ist jedoch: Der Körper ist nach innen zu sich selbst und nach außen zu der Außenwelt immer über alles informiert und nimmt Dinge wahr, die wir selber gar nicht bemerken und gar nicht messen können. Dass Wahrnehmungen nur über die Kontrolle des Verstandes ablaufen, diese Auffassung kann man getrost zu den Akten legen.

Vieles wird der Mensch erst noch herausfinden und beweisen können. So wie erst seit kurzem Pheromone bekannt sind, so wird es noch sehr viele andere Stoffe – und vielleicht auch Nichtstoffe?! – geben, die man bislang nicht messen kann. Stoffe, Energieläufe oder Ähnliches, die Menschen bei Gefahren oder Angst produzieren und die andere Menschen wahrnehmen können. Alles natürlich nicht bewusst, eben intuitiv. Eine ganz besondere nonverbale Kommunikation. Ich denke durchaus, dass man sagen kann: Ohne Intuition wäre die Menschheit schon lange ausgestorben.

Bei Entscheidungen laufen im Gehirn sehr komplexe Prozesse ab. Doch unser Gehirn ist kein Computer mit Hard- und Software und logischen und berechenbaren Vorgängen. Es ist ein großer Denkfehler, das Gehirn ausschließlich über solche Vergleiche zu betrachten. Aus der Hirnforschung wissen wir längst, dass unser ganzes Denken, Wahrnehmen und Handeln keine reine Verstandestätigkeit ist, sondern immer von Gefühlen, Emotionen und Erinnerungen begleitet wird. Und damit sind wir auch immer bei der Intuition. Die Frage, die sich dann jedem Einzelnen stellt, ist, wie er mit diesem Angebot umgeht. Aber: Vorhanden ist es immer, entziehen kann sich keiner, am wenigsten wahrscheinlich der Mensch, der sich für ausschließlich rational denkend hält und diese Haltung auch verbissen nach außen verteidigt.

Erforscht und belegt wurde der untrennbare Zusammenhang von Fühlen und rationalem Denken von Neurologen, die sich mit den Schicksalen von Menschen beschäftigen, deren Gehirne durch Operationen oder Schlaganfälle beschädigt wurden. Bei Patienten, die zwar ihre normale Intelligenz wiedererlangt hatten, bei denen aber Emotionen verloren gingen, war zwar die normale Intelligenz wieder da, aber sie litten sehr am Verlust ihrer Emotionen. Wer nicht mehr fühlen, aber glasklar denken kann, wird nicht zum intelligenten Überflieger, sondern leider fast lebensunfähig, obwohl alle kognitiven Funktionen noch vorhanden sind; das zeigten diese Patientengeschichten eindrücklich. Diese Menschen finden sich in den einfachsten Lebenssituationen nicht mehr zurecht. Sie können trotz der vorhandenen Intelligenz keine Entscheidungen treffen und sind unfähig, soziale Kontakte zu pflegen. Ähnlich verhält es sich auch bei Autisten, die zwar häufig extrem intelligent sind, aber durch den Verlust von Emotionen kaum lebensfähig.

Das alles zeigt, dass Gefühle ein wesentlicher Teil unseres Denkens sind. Verstand und Emotion sind untrennbar miteinander verbunden. Unser Gehirn verarbeitet zum Glück nicht nur Sachinformationen, gelerntes Wissen und Sinneswahrnehmungen, sondern alle Erfahrungen, gute und schlechte, die wir unser ganzes Leben lang sammeln. Erfahrungen aus erlebten Situationen, Sinneseindrücke, Bilder, Geräusche, Geschmäcker, Düfte, starke Gefühle wie Liebe Hass, Trauer. Daraus entsteht ein enormer vernetzter Wissensschatz, der in unserem Gehirn und im Unterbewusstsein lagert und wieder an die Oberfläche kommen kann, sobald sich die Notwendigkeit ergibt.

Sinnvolle und richtige Entscheidungen kann also nur der treffen, der weiß, dass das Eine ohne das Andere nicht funktioniert. Ohne die Verbindung von Fühlen und rationalem Denken wäre die Komplexität des Lebens nicht zu bewältigen, und es wäre nicht möglich, viele Gefahren zu überstehen und schnelle und kompetente Entscheidungen zu treffen, das große Ganze zu verstehen, kreativ zu sein und neue Wege zu gehen. Noch viel besser geht das, wenn man diesen Bereich des Fühlens und Spürens verfeinert, sich mit der Intuition beschäftigt, sich in sie einübt.

Beachten Sie somatische Marker – und finden Sie Ihre Mitte

Eine emotionale Intelligenz und Kompetenz wäre ohne Intuition nicht denkbar. Häufig zeigt sich die Intuition als innere Stimme, die man über körperliche Befindlichkeiten wahrnehmen kann. Wir können lernen, auf sie zu hören. Sie meldet sich bei jedem, wenn wir ihr Gehör schenken. Jeder kennt Situationen, die zunächst logisch positiv erschienen, die innere Stimme aber spricht dagegen. Wenn wir klug sind, hören wir auf sie. Das kann viel Kummer und Fehlentscheidungen ersparen. Bei mir persönlich meldet sich die innere Stimme immer wieder in Form von Bauchschmerzen. Bauchgefühl eben, es kann halt auch wehtun. Ich habe inzwischen gelernt, ihm zu vertrauen. Andere spüren Atemnot, Schweißausbrüche, Schlaflosigkeit, Schwindel. Es kann aber auch Erbrechen oder nur ein Zucken im linken Zeh sein. Diese Zeichen werden als somatische Marker, körperliche Zeichen, bezeichnet.

Missachtet man diese Zeichen, wird es meist noch schlimmer, es kann sogar bis zu Erkrankungen gehen. Natürlich werden viele an dieser Stelle sagen, das ist alles psychologisch erklärbar. Für mich ist das zu kurz gegriffen und zu altklug. Es geht nicht um psychologische Erklärungen, sondern um den Nutzen, den uns somatische Marker geben: Intuition will ganz einfach rechtzeitig erkannt werden, denn das ist ihr Sinn. Das Wort Bauchgefühl rührt übrigens daher, dass im Oberbauch viele Nervengeflechte des vegetativen Nervensystems liegen. Neuere Untersuchungen scheinen sogar einen Hinweis zu geben, dass wirklich einige intuitive Entscheidungen aus den Nervengeflechten des Bauches kommen. Sie sprechen sogar von einem „Bauchhirn“.

Die Intuition ist schneller als der Verstand, sie ist schneller als wir denken oder schauen können. Erst der Intellekt setzt dann um, was die Intuition ihm rät – was dann nach außen gerne als rationale Entscheidung verkauft wird … Häufig prüft der Verstand die Intuition, weil wir ihr nicht so richtig trauen, obwohl das Energieverschwendung ist. Wenn wir ehrlich sind, wissen wir doch alle in den ersten drei Minuten, ob uns jemand sympathisch ist oder nicht, ob uns etwas schmeckt oder Spaß macht. Oft müssen wir es dann noch rational begründen und sagen etwa, ich mag seine Stimme nicht, das Essen hat zu wenig Eiweiß oder diese Sportart ist für meinen Rücken nicht geeignet. Alexander von Humboldt formulierte das einst so: Überall geht ein frühes Ahnen dem späten Wissen voraus. Damit hat er wahrlich Recht.

Der Schweizer Psychologe Carl Gustav Jung bezeichnete die Intuition als eine grundlegende menschliche Funktion, die das Unbekannte erforscht und das, was noch nicht greifbar ist, erahnt. Intuition ist demnach quasi ein sechster Sinn, und der Alltag bestätigt uns ja genau das immer wieder. Sicherlich ist damit Intuition das übergeordnete „Denken" überhaupt.

Intuition bedeutet auch Vertrauen, Vertrauen in die eigenen Gefühle und darauf, dass das Leben es gut mit einem meint. Häufig durften wir in der Kindheit unsere Gefühle nicht zeigen und haben uns selber verborgen und verbogen. Wir lernten, wie wir es andern recht machen können, ohne uns auf uns und unsere eigenen Wünsche konzentrieren zu dürfen. Wir erfüllten Normen, und je mehr wir dann auch als Erwachsene nach außen gerichtet und von außen bestimmt leben, desto mehr stirbt unser eigenes Inneres ab, desto mehr verlieren wir den Kontakt zu uns und unserer Intuition. Das heißt aber: Wir suchen Bestätigung von außen und trauen uns selber nicht mehr. Damit verlieren wir unsere Kraft und sind eigentlich eine Marionette der Außenwelt. Irgendwann werden wir wütend, unterdrücken unsere Wut, werden leer, unterdrücken wiederum diese Leere, werden dann depressiv. Wir leben nicht mehr unser Leben, sondern das eines anderen. Leben aus zweiter Hand sozusagen.

Es gibt nur einen Weg aus diesem Teufelskreis: wieder zu uns und unserer eigenen Wahrheit zu finden. Denn wir alle tragen diese Wahrheit in uns. Sie ist unsere Kraftquelle und der Weg zu unserem ureigenen Leben. *Das* ist dann *unsere* Intuition. Erst wenn wir sie wieder finden und ihr folgen, leben wir unser Leben und können glücklich, authentisch und erfolgreich sein.

Um dahin zu kommen, brauchen wir aber ein ganzes Stück Mut. Wir müssen uns von den Wünschen und Vorstellungen anderer lösen. Das heißt auch, dass wir auf einige Portionen Anerkennung von außen zunächst vielleicht verzichten müssen, nur so können wir sie von innen, von uns selbst bekommen. Denn nur das ist echt und wahrhaftig und gibt uns die Möglichkeit und die Kraft, aus unserer Selbstliebe und unserem Selbstbewusstsein heraus auch anderen etwas zu geben. Das bedeutet aber auch, dass wir erkennen, dass wir zunächst einmal allein sind. Denn Authentizität bedeutet immer auch ein Stück Einsamkeit; jeder Mensch ist zunächst allein.

Aber wenn wir uns gefunden haben, werden wir von anderen wirklich akzeptiert, wir werden als echt und einzigartig wahrgenommen und von echten Freunden auch geliebt, von manchen Menschen bewundert und von anderen abgelehnt: Wir können nicht von der ganzen Welt geliebt werden.

Aber von uns selber, das ist das Wichtigste, denn es ist elementar. Dazu müssen wir so leben, wie es uns entspricht. Das kann auch heißen, dass wir vieles ändern, einen neuen Beruf beginnen, einen Partner verlassen, die Stadt wechseln müssen. Die Kraft für den richtigen Weg haben wir, indem wir uns auf unser Inneres verlassen. Es zeigt uns den Weg. Und wir können lernen, ihm zu vertrauen, denn es ist unser bester Ratgeber. Denn unser Inneres meint es gut mit uns. Andere Menschen können es natürlich auch gut mit uns meinen, sie können uns aber auch für ihre Belange gebrauchen oder gar missbrauchen. Unsere Intuition jedoch steht immer für unser Wohl. Auf sie können wir uns verlassen.

Fangen wir heute damit an.

Es gibt keinen Menschen, der in allen Bereichen eine gleich gute und starke Intuition hat. Die einen spüren sie vielleicht beruflich sehr gut, treffen aber privat oft falsche Entscheidungen, die anderen haben Glück in der Liebe und liegen beruflich häufig falsch. Wir können wahrscheinlich nicht auf allen Gebieten gleich intuitiv sein.

Wir können es aber lernen und trainieren.

Am besten ist es, mit kleinen Entscheidungen anzufangen. Zum Beispiel, wenn Sie das Gefühl haben: Ich möchte wieder mal tanzen. Lassen Sie keine Zeit verstreichen, sondern melden Sie sich gleich zu einem Tanzkurs an. Wenn Sie gute Erfahrungen damit machen und Spaß dabei haben, machen Sie es bei anderen intuitiven Gedanken ebenso. Gefällt Ihnen das Tanzen nicht, hören Sie eben wieder damit auf und probieren ein anderes Hobby. Vielleicht steht der intuitive Gedanke an Tanzen auch nur für Gesellschaft oder ein kreatives Hobby oder für Bewegung. Hören Sie einfach in sich hinein und probieren die nächste Intuition aus. Je länger Sie das machen, desto erfahrener werden Sie und desto mehr können Sie Ihre Gefühle und Intuition werten, und Sie finden den Weg zu sich und Ihrem Leben. Irgendwann wissen Sie dann unmittelbar, was für Sie gut ist und was nicht.

Ich habe daraus mein FFF-Prinzip für mehr Glück und Erfolg entwickelt. Es steht für *Feel, Focus, Flow* und enthält alle wichtigen Elemente:

- *Feel* ist die Intuition, das Insichhineinhören und -spüren.

- *Focus* heißt, sich auf das anstehende Thema zu fokussieren, sich damit konzentriert zu beschäftigen, es ist also der eher analytische Teil.

- *Flow* – er tritt ein, wenn man mit Feel und Focus „durch" ist, Ergebnisse hat und dann auch fähig ist, das Thema wieder unbeschwert „abzulegen", es also im Bewusstsein loszulassen und dem Unterbewusstsein zu überlassen.

Denn indem wir das Thema schließlich einfach beiseitelassen, hat das Unterbewusstsein Zeit, sich mit ihm auseinanderzusetzen, und kann quasi ohne unser Zutun im Hintergrund daran arbeiten. Das macht uns frei, entspannt, bringt den Flow ... Irgendwann kommen „wir" dann zur Lösung. Sie ist einfach da, ohne dass wir bewusst etwas dazutun mussten. Das gibt Selbstbewusstsein und ein Gefühl der Freude.

Nach allen neuen Forschungen halte ich es eigentlich für überwunden, von Verstand *oder* Gefühl zu reden. Verstand *und* Gefühl muss es heißen, wie Körper, Geist und Seele: Der Mensch ist einfach ganzheitlich. Zum Glück. Alles ergänzt sich und arbeitet Hand in Hand. Wir sind einfach in uns und auch im großen Verbund eine perfekte Einheit. Und wenn wir das wissen, können – und sollten – wir es auch erfolgreich nutzen.

Der Unterschied zwischen Intuition und Emotion

Intuition und Emotion zu unterscheiden ist für viele Menschen ein Problem. Denn auch ich habe ja nun öfter über Gefühle gesprochen – muss ich ja auch, denn über den Gefühlsbereich läuft auch viel Intuition. Es ist jedoch sehr wichtig, die Unterschiede zwischen Emotion und Intuition zu sehen.

Wie uns die Anatomie gezeigt hat, ist im Gehirn alles miteinander verbunden: Emotionen und Ratio lassen sich nicht trennen. Das ist auch gut so, denn sonst wären wir gefühllose Roboter. Emotionen sind meist reaktive Gefühle, die sich immer wieder kurzfristig ändern können. Man denke dabei allein an die Gefühle, die wir während eines einzigen Arbeitstages haben können. Sie können von Müdigkeit über Langeweile bis zu großem Interesse gehen, von Genervtsein, wenn uns ein Kollege ärgert, bis zu Glück, wenn wir einen neuen Auftrag oder eine Gehaltserhöhung oder den Anruf eines lieben Menschen erhalten. Die Intuition ist dagegen immer gleich, egal, welche Emotion wir momentan haben. Darum ist sie der beste und souveränste Ratgeber, während Entscheidungen aus Emotionen heraus grundfalsch sein können, weil sie von der Tagesform abhängig sind. Intuition weiß mehr als unser Bewusstsein, weil sie eben ganzheitlich ist. Sie gibt die Richtlinie vor, die Grundstimmung. Sie ist bei Entscheidungen neutraler, verlässlicher, nachhaltiger.

Die Intuition sagt zum Beispiel Ja zu einem Menschen, wir lieben ihn. Trotzdem können wir emotional schwanken. Manchmal ärgern wir uns über ihn, manchmal langweilt er uns, manchmal macht er uns glücklich. So ist die Emotion mit dem festen Grundgefühl der Liebe verbunden, nicht aber mit dem immer schwankenden Gefühl der Emotionen, die nur als Reaktion auf äußere Vorgänge entstehen. Man kann es an einem einfachen Beispiel schildern: Wenn eine

Mutter ihr Kind liebt, so ist das ein unverrückbares, lebenslanges, tiefes Gefühl, das durch nichts irritiert werden kann, auch wenn das Kind vielleicht zum Ärger der Mutter in bestimmten Lebensphasen vieles falsch macht. Die Mutter wird in diesen Phasen vielleicht sauer auf das Kind – das ist reaktive Emotion. Es berührt aber nicht das feste Grundgefühl der unerschütterlichen Liebe zum Kind.

Die Intuition ist also nicht mit den reaktiven Gefühlen, den Emotionen, verbunden, sondern den unverrückbar fest „installierten" Gefühlen. Sie ist dabei immer das erste Gefühl, das in uns auftaucht, wenn wir an diesen oder jenen Menschen denken oder ihn sehen. Intuition ist ehrlich und unverfälscht echt. Sie ist nicht so sprunghaft und trügerisch wie Emotionen. Deswegen rate ich Ihnen: Hören Sie auf die erste innere Stimme, auf Ihr erstes Gefühl. Dann werden Sie meistens richtig liegen. Ich bin selber bei vielen Entscheidungen danach gegangen. Je mehr ich mich auf mein erstes Gefühl verlasse, desto richtiger liege ich. Auch wenn Ratio und Emotionen häufig versuchen, dieses Gefühl zu übertünchen oder zu ändern – zum Schluss lag ich mit diesem ersten Gefühl, meiner Intuition richtig.

Übrigens ist die Tatsache, dass die Intuition völlig unbeeindruckt von momentaner emotionaler Befindlichkeit uns in souveräner Ganzheit „berät", ein sehr deutliches Zeichen dafür, dass sie tatsächlich sehr stabile Verbindungen und Vernetzungen weit über den individuellen Körper und Geist hinaus hat. Sie ist aus dieser ganzheitlichen Position heraus nicht abhängig von unseren individuellen emotionalen Schwankungen.

Aber – führt uns die Intuition nicht dennoch auch mal in die falsche Richtung?

Intuition ohne Intellekt ist ein Unglück.

Paul Valery

Wie wir sahen, kann man davon ausgehen, dass die Intuition meist richtig liegt und man mit ihr richtig liegt. Aber in manchen Situationen kann sie uns *scheinbar* irreleiten. Ein gutes Beispiel dafür ist das Verhalten an der Börse. Scheinbar ist sie ein Bereich, der sich per Ratio berechnen lässt, aber in Wirklichkeit ist es viel Psychologie. Nehmen wir das Phänomen, dass bei fallenden Kursen die meisten Anleger verkaufen, obwohl sie jetzt nur verlieren können und es prognostisch meistens günstiger wäre, die Aktien liegen zu lassen. Umgekehrt steigen viele Aktionäre ausgerechnet bei steigenden Kursen ein und kaufen dann zu überhöhten Preisen. Ein solches Verhalten kann zum Börsencrash führen.

Dieses intuitive Verhalten ist ein Muster, das normalerweise passt – die Ratten verlassen das sinkende Schiff – aber in dem speziellen Fall eben nicht. Da sieht man auch, wie wenig die Börse mit der Wirklichkeit zu tun hat. Das zeigt uns aber auch, dass es manchmal dann doch nötig ist, neben der Intuition den Verstand einzuschalten.

Ähnliches gilt für die Einschätzung von Menschen. Haben wir einst schlechte Erfahrungen mit einem Menschen gemacht, der rote Haare und blaue Augen hat, dann werden wir alle Menschen, die ihm ähnlich sehen, in die gleiche Kategorie stecken und bei ihnen extrem vorsichtig sein. Die Intuition möchte uns schützen. Dieses von einfachen Prägungen verursachte Verhaltensmuster kann dann natürlich falsch sein. In diesen Fällen hilft es nur, gut zu beobachten, sich Zeit und Ruhe zu geben und dann nochmals in sich hineinzuhören. Dann könnte uns die Intuition schon bald einen anderen Rat geben, der vielleicht besser ist. Und zudem können wir umlernen. Denn nicht die Intuition lag falsch, sondern unsere Prägung war unnütz und undifferenziert. Aus dem alten Muster „Rothaarige mit blauen Augen sind mit Vorsicht zu genießen" wird dann vielleicht: „Nicht alle Rothaarigen sind mit Vorsicht zu genießen." Vielleicht überdeckt dann schon das nächste Mal die neue Erfahrung die frühere. Daraus wird ersichtlich, wie wichtig auf der einen Seite

Muster sind, wie hinderlich aber auf der anderen. Und wir sehen, wie schwer es ist, Muster zu verändern, dass es andererseits aber durchaus möglich ist. Intuition möchte Weiterentwicklung und zwar immer zum Guten. Manchmal müssen wir einfach noch mehr, tiefer und länger in uns hören, weil wir anfangs durch unsere festgefahrenen Muster Irritationen hineingebracht haben. Meine persönliche Erfahrung ist, dass die richtige Antwort immer kommt.

Manchmal möchten wir sie übrigens lieber gar nicht hören. Denn Intuition ist nicht immer einfach. Denn sie führt uns in ihrer ganzheitlichen Weisheit auch auf Wege, die zwar langfristig für uns gut sind, aber kurzfristig unbequem, weil wir alte Strukturen aufgeben müssen. Und das ist immer nicht ganz einfach, egal wie schlecht diese Strukturen waren.

Kleine Übungen für Entspannung, gegen Angst und Stress

Man sieht nur mit dem Herzen gut.

Saint-Exupéry

Sich seiner Intuition zu nähern, hat erst einmal sehr viel mit einem Hineingehen in seinen Körper zu tun, das ist für mich als Ärztin unzweifelhaft. Wenn man bereit ist, sich auf die Körperintuition zu verlassen, spürt man, was der Körper braucht, möchte und was ihm guttut. Das fängt beim Sport an, über den Job bis hin zum Essen. Aber man sollte es auch ein wenig üben. Etwa so: Atmen Sie tief ein und aus, ein und aus, immer wieder, bis Sie zur Ruhe kommen. Dann gehen Sie in Gedanken und im Gefühl ganz in Ihren Körper, in Ihre Arme, Ihren Brustkorb, Ihren Bauch und Ihre Beine, spüren ganz tief in sich hinein und schauen sich Passagen Ihres Körpers an. Nun können Sie auch fühlen, wo eventuell etwas nicht in Ordnung ist, denn Sie geben Ihrem Körper ja die notwendige Aufmerksamkeit. Er wird Ihnen mitteilen, was er braucht, welche Ernährung, ob Ruhe, welchen Sport. Er wird sagen, was ihm guttut. Er braucht einfach Ruhe und Ihre Aufmerksamkeit. Dann redet er mit Ihnen. Geben Sie ihm die Zeit, die er braucht.

Mit dieser einfachen intuitiven Übung können Sie eine Stelle im Körper anschauen, die schmerzt oder erkrankt ist. Sie schauen die Stelle ganz einfach innerlich an, ohne zu werten. Stellen Sie sich das Organ vor, schauen Sie noch bewusster hin, wie es aussieht, ohne zu sagen: Wie schlimm ist das denn, oder: Ich will das nicht. Einfach ohne Wertung hinschauen. Das alleine kann schon heilen. Diese Übung können Sie jeden Tag machen. Sie werden spüren, welche gute Beziehung Sie zu Ihrem Körper bekommen und wie gut es ihm und Ihnen tut.

Dasselbe können Sie auch beim Thema Essen machen. Es ist die beste Methode, um abzunehmen oder schlank zu bleiben. Sie fragen einfach Ihren Körper, was er braucht. Er weiß es genau. Es gibt Zeiten, da braucht er mehr Gemüse oder Obst. Manchmal benötigt er mehr Eiweiß und manchmal sogar Schokolade. Wenn Sie ihn fragen oder in ihn hineinhören, wird er es Ihnen sagen. Folgen Sie dem, werden sich Ihre Gewichtsprobleme von alleine beheben. Fragen sie Ihren Körper vor jeder Nahrungsaufnahme, ob ihm das guttut. Es ist eine ganz einfache Methode, die unter dem Wort „Instinkt-Essen" bekannt wurde. Ihr Körper im Verbund mit Ihrer Intuition weiß viel mehr als Ihr Verstand. Nutzen Sie es zu Ihrem Vorteil. Würden wir uns immer auf unsere Intuition verlassen, gäbe es keine Gewichtsprobleme.

Das Hauptproblem oder der Hauptfeind der Intuition sind jedoch der Stress und die Angst. Denn wir können die Intuition nur dann spüren, wenn wir in unserer Mitte sind und nicht zu sehr gestresst oder ängstlich, das verschüttet die Kanäle. Deswegen ist es so wichtig, sein inneres Gleichgewicht zu haben oder es wieder zu finden. Dazu empfehle ich Tiefenentspannungen, wie die auf der beiliegenden CD. Im akuten Fall sollten Sie ein paar Mal tief durchatmen, denn nichts entspannt so schnell und gut wie ein tiefes Atmen. Sie werden spüren, wie schnell sich Mitte einstellt und Ihre Intuition sich zurückmeldet. Weil Sie ihr dann wieder Raum geben.

Sie können überall tief durchatmen und für eine Schnellentspannung gemäß dem Autogenen Training sorgen. Sie atmen tief ein und aus, bis Sie mit jedem Atemzug ruhiger und entspannter werden. Dann sagen Sie sich: Meine Arme und Beine sind schwer und entspannt, mein ganzer Körper ist warm und ruhig, schwer und entspannt. Wenn Sie Schwere und Ruhe verspüren, lassen Sie Ihre Gedanken kommen, lassen alle Gefühle zu und spüren und registrieren die ersten Gedanken, die kommen, die intuitiven Gedanken. Diese verfolgen Sie dann in dem Bewusstsein: Das ist die Basis.

Zum Schluss geben Sie sich das Bild, dass die Beine und Arme nun wieder leicht werden und Sie den Rest des Tages frisch und wach und in ruhiger Harmonie bewältigen.

Was uns neben dem Stress sehr an der Intuition hindern kann, sind die Ängste, die wir alle haben. Aber auch sie kann man überwinden. Jedes Mal, wenn Sie das geschafft haben, haben Sie noch mehr Mut und Selbstvertrauen, und die Ängste werden mehr und mehr versiegen. Auch Selbstliebe und Selbstvertrauen steigen damit an. Schließen Sie mehrmals am Tag die Augen und gehen in die eben beschriebene autogene Kurzmeditation, hören Sie auf Ihren Körper und Ihre Intuition. Dann fühlen Sie in Ihre Ängste und hören, was Sie Ihnen sagen wollen. Überlegen Sie, was passieren könnte. Schreiben Sie es auf und Sie werden sehen, wie sich viele Ängste auflösen, weil sie keinen realen Boden haben. Ihre Intuition, die weiter sieht als Ihre kleinen Ängste, meldet Ihnen dies.

Ein weiteres gutes Training ist es, einmal in der Woche – wenn es einzurichten ist – einen Intuitionstag einzulegen oder wenigstens eine Stunde, in der Sie ganz einfach *spontan* all das tun, was Sie spüren, ohne rationales Wenn und Aber. Wir Menschen sind ganzheitliche Wesen. Wenn wir aus unserer Mitte handeln, finden wir die beste Lösung. Das heißt, wir sind im Gleichgewicht mit uns und der Welt. Dann können wir Verstand, Emotionen und Intuition einsetzen und finden so den besten Weg für uns und unser Umfeld.

TEIL III:

Das Intuitions-Training

Vorübung:
Öffnen Sie sich dem organischen Denken

Nur wer über den Tellerrand hinauszuschauen wagt, kann aktiv und integrativ vorgehen und mit methodischer Betrachtung und Übung der Intuition einen neuen Weitblick gewinnen. Es ist selbstverständlich ein Weitblick, in dem der rationale Verstand nach wie vor eine große Rolle spielt – jedoch dominiert er nicht mehr alle Situationen. Auch ein Intuitionstraining ist keine isolierte Angelegenheit, das ergibt sich aus dem System: Wir trainieren hier ja nicht die Intuition, sondern unsere Zugänge zu ihr, haben also mit den fünf Sinnen, unseren Gefühlen, dem Unterbewusstsein zu tun – und natürlich mit dem Verstand. So wie wir durch unsere natürlichen Vernetzungen keine Verstandesentscheidung treffen können, ohne dass Gefühle oder intuitive Botschaften mit hineinspielen, so ist auch zu einem gewissen Prozentsatz unser Verstand immer dabei, wenn wir Gefühle spüren, Intuition empfangen oder mit den Sinnen reagieren. Das geht gar nicht anders, schließlich ist das Gehirn im Verbund mit dem Unterbewusstsein die Schaltzentrale für fast alle Prozesse in uns.

Die Intuition hat keinerlei Probleme bei ihrer Zusammenarbeit mit den im Verstand gespeicherten Erfahrungen, sie holt sich schließlich auch dort viele Informationen ab, wenn sie in Lichtgeschwindigkeit für uns aus völlig verschiedenen Quellen ein „Info-Paket" zusammenstellt. Darum ist es gut, wenn wir auch im Bereich des intellektuellen Denkens möglichst wenige Blockaden haben, denn dann wird alles noch flüssiger laufen.

Darum eine kleine Wiederholung der strukturellen Vorgaben für die folgenden Übungen. Diese Punkte müssen Ihnen in voller Akzeptanz klar sein, damit die Wahrnehmungsübungen im Alltag und die Tiefenentspannungsübungen Freude machen, körperlich und geistig guttun und optimal wirken:

- Man kann nicht die Intuition trainieren, weil sie eine große, ins Universale reichende Urkraft ist.

- Aber man kann seine Zugänge zur Intuition trainieren, wie wenn man seinen persönlichen kleinen Landbahnhof samt Ortschaft herrichtet, damit der Intuitionszug endlich hier öfter Station macht und wir somit Anschluss an das Gleisnetz in weit entfernte Länder bekommen.

- „Die" große Intuition bereichert „unsere" individuelle Intuition, wenn unser Bahnhof freundlich und offen ist, wenn dann sozusagen Intuitionsbotschafter aus dem immer häufiger haltenden Intuitionszug aussteigen und unseren Bahnhof, unsere kleine, persönliche Stadt besuchen können. In diesem Sinn besucht uns die Intuition über das Portal Unterbewusstsein und gleicht globale Informationen von außen (sehr oft Dinge, die wir verstandesmäßig gar nicht wissen konnten!) rasend schnell mit Informationen in uns ab, die bei uns im Verstand, aber auch in anderen Körperzellen und im Unterbewusstsein gespeichert sind.

- Weil die Intuition auf geheimnisvolle Weise fähig ist, Daten unterschiedlichster Art, Fakten, Erlebnisse, Gefühle, ein Wissen, das über unbewusste Felder, über Generationen weitergereicht wurde, und gleichzeitig auch noch unser in die Zukunft gerichtetes Denken, Wünschen, Planen miteinander zu verknüpfen, abzustimmen und in derselben Sekunde zu einem sicheren Ergebnis zu kommen, ist sie weitaus schneller als das bewusste verstandesmäßige Denken, denn dieses kann nicht dermaßen vernetzt denken und hat auch nur einen vergleichsweise kleinen Aktionsradius. Wenn es ein universelles, kollektives Bewusstsein, auch eine Art „Menschheitsgedächtnis" gibt, so ist ganz sicher die Intuition, dieses weite Spüren, eine der wichtigsten Kommunikatoren dafür.

Die Übungen für bessere Intuitionszugänge werden sowohl beim Übungsteil für bessere Wahrnehmungen im Wachzustand wie bei Übungen in tranceähnlicher Tiefenentspannung (auf der CD zu finden) helfen, dass viele Blockaden in uns schmelzen wie das Eis in der Sonne. Damit wird unser „Bahnhof" so richtig in Betrieb genommen.

Zuvor ist es sinnvoll, uns noch einmal klarzumachen, dass wir Menschen derzeit mit unserer Art zu denken in Umbruchzeiten leben. Wir haben seit einiger Zeit zwei Welten: Die eine ist das mechanistische Weltbild seit Galilei, eine aus dem naturwissenschaftlichen Denken hergeleitete Mechanik. Sie war im sechzehnten Jahrhundert revolutionär, weil sie den Machthabern der Kirche zeigte, wie die Mechanismen in der Natur – auf der Erde und im Kosmos – wirklich funktionierten. Dieses mechanistische Weltbild entstand über forschendes Beobachten, Experimente und logische Annahmen und Auswertungen.

Das war eine gute Sache, denn es war an der Zeit, uralte Weltbilder und kirchliche Lehrmeinungen vom Sockel zu stoßen. Allerdings hat sich das mechanistische Weltbild im Lauf der Jahrhunderte verabsolutiert, sich auf einen Thron gesetzt und sich nicht mehr hinterfragt, warum es so viel von der nichtmateriellen Realität nicht begreifen, nicht erfassen kann. Immerhin war und ist das mechanistische Denken eine tote Sache und kann schon den Begriff des Lebens, des Lebendigen nur auf recht leere Weise erklären – es kann analysieren, messen, definieren, experimentieren, „beweisen"... Der bereits beschriebene Streit zwischen Goethe und Newton beim Thema Farbenlehre zeigt, was damit gemeint ist. Für den sezierenden Newton ging es um elektromagnetische Strahlungen und eine technisch-physikalische Methode, Licht in seine Einzelelemente zu zerlegen – für den ganzheitlichen Goethe ging es um ein *organisches* Denken. Die Menschheit wird in ihrer Entwicklung nur weiterkommen, wenn sie ihr mechanistisches und materialistisches Kausalitätsdenken als allein selig machende Basis überwindet.

Kluge Wissenschaftler wissen das schon längst. Einsteins Relativitätstheorie war ein Misstrauensvotum gegen das rein mechanistische Denken. Auch Astrophysiker wissen heute, dass das frühere Denken über einen Kosmos, der schwarz, kalt und leer ist und in dem ein paar große Stein- und Gaskugeln ihre festgelegten Bahnen ziehen, nicht stimmt: Der Kosmos ist ein unvorstellbar gewaltiger *Organismus*, und die Wissenschaft erkennt mehr und mehr, dass man ihn nicht nur mit mechanistischer, tote Materie betrachtender Physik erklären kann, nicht, seitdem Strahlungen, Energien und Wellen erkannt wurden, die die Naturwissenschaft mit ihrem linearen Denken in Frage stellte.

Vielen Wissenschaftlern ist längst klar, dass diese Naturwissenschaft für den weiteren Erkenntnisweg überholt ist. Mit rasiermesserscharfer Logik und immer besseren Apparaten vom Hölzchen aufs Stöckchen zu kommen, genügt schon lange nicht mehr. Ein organischer, vernetzter und das Wunder des Lebens in Gänze erkennender wissenschaftlicher Ansatz wird nach Überzeugung vieler künftig Platz greifen.

Von der Astrophysik, die sich gedanklich längst in Dimensionen von Milliarden Galaxien und Lichtjahren mit möglichen Paralleluniversen beschäftigt und im fast unglaublichen CERN-Experiment in der Schweiz die Sekunden nach dem Urknall simulieren will, bis hin zur lebensmittelchemischen Untersuchung mit immer feineren mechanistischen Methoden gerät der alte Ansatz immer wieder in Irrtümer und Erklärungsnot.

Das CERN-Experiment ist typisch für diesen alten Ansatz. Die „Europäische Organisation für Kernforschung" (das Kürzel „CERN" steht noch für den früheren französischen Namen) will mit dem riesigen unterirdischen Teilchenbeschleuniger LHL (Large Hadron Collider) die Situation nachstellen, die kurz nach dem Urknall herrschte. Dabei werden Atomkerne auf Lichtgeschwindigkeit beschleunigt und über Magnetfelder, die hunderttausendmal stärker sind als die natürlichen auf der Erde, auf eine Kreisbahn gezwungen. Über 8.000 Gastwissenschaftler aus sieben Dutzend Nationen sind mit den CERN-Experimenten beschäftigt, das alles kostete bereits 2008, als die erste Testreihe wegen technischer Probleme wieder abgebrochen werden musste, rund eine Milliarde Euro. Großes Geld für kleine Löcher: CERN soll in den unterirdischen Röhren winzige Schwarze Löcher produzieren und ein ominöses „Higgs-Teilchen" finden. Bei dem Experiment treffen pro Sekunde rund 30 Millionen Protonenwolken aufeinander, dabei gibt es insgesamt 20 mal 30 Millionen, also rund 600 Millionen Zusammenstöße pro Sekunde. 600 Millionen Zusammenstöße pro Sekunde von irgendwelchen Teilchen – das ist eigentlich unfassbar und macht schon an sich klar, wie mühsam es für uns ist, die Natur, die Schöpfung auch nur ansatzweise zu begreifen. Mit CERN stößt der Mensch vielleicht wieder per Forschung ein Fenster auf. Und wird das Essenzielle auf diesem Weg dennoch nicht begreifen, sondern hinter dem Fenster zu seinem Erschrecken wieder Tausende neuer Fenster sehen, hinter denen sich bislang Unerklärliches verbirgt.

Denn man sollte nicht vergessen, CERN beschäftigt sich nur mit der Situation *nach* dem Urknall. Wäre nicht die Frage interessanter, was *vor* dem Urknall war, *woher* also diese kosmische „Initialzündung" kam?

Das ist für die heutige Naturwissenschaft natürlich nur eine hypothetische Frage, denn genau da stößt sie an ihre Grenzen: dem Gesamtverständnis nach ein vielleicht spirituelles, möglicherweise religiöses, sachlich betrachtet auf jeden Fall ein organisches Denken, das die Gesamtheit der Abläufe zu verstehen versucht, weil es weiß, dass das Ganze mehr als die Summe seiner Teile ist.

Selbst der härteste Technokrat sollte dem Gedanken der Ganzheit zustimmen können: Wenn ein Auto in Hunderte Einzelteile zerlegt wird, liegen nutzlose Teile herum. Das sieht vielleicht interessant aus, ist aber uneffektiv. Erst wenn das Auto zusammengebaut ist, kann ich mit ihm fahren – die mechanischen Teile bekommen im technischen *Organismus* Auto Sinn.

Organisches Denken sollte darum für Sie eine Selbstverständlichkeit sein, wenn Sie Übungen des Intuitionstrainings machen. Denn dieses Denken verleiht den Übungen Sinn und damit Wirkung.

Kurioserweise sind es die atemberaubenden Berechnungen der Wissenschaft selbst, die uns zu mehr Demut und offenerem Denken veranlassen sollten. Diese Berechnungen sind ja nur ein winziger Ausschnitt aus dem großen Sein. Schaut man aber einige Ergebnisse an, müsste klar werden, dass wir klug beraten wären, noch viele andere Energieformen für möglich zu halten. Man muss sich nur vorstellen, wenn tatsächlich die Katastrophe passieren würde, die einige CERN-Kritiker befürchten, die andererseits die meisten Fachleute für unmöglich halten, dass nämlich die Experimente für ein winziges Schwarzes Loch aus dem Ruder geraten und nach und nach die Erde selbst zu einem Schwarzen Loch machen. Es würde erstens sehr lange dauern – zehn hoch dreißig Jahre, sagen kluge Physiker – unser kompletter Planet wäre dann aber mit seiner gesamten Masse zu einem Kügelchen von 1,8 Zentimetern Durchmesser geschrumpft!

Noch dominieren die mächtigsten Vertreter des alten Systems den Wissenschaftsbetrieb und verteidigen diese Herrschaft mit derselben Sturheit, wie es die Kirche zu Galileis Zeiten tat, für die die Erde das Zentrum des Universums darstellte. Und weil das so ist, schiebt man gerne jedes andere Denken in mystische, esoterische oder spirituell-religiös angehauchte Ecken.

Davon sollte man sich aber nicht beeindrucken lassen. Die Hunde kläfften schon immer, wenn die Karawanen weiterzogen.

Mehr Intuitionsfähigkeit aus einer Haltung des Egoismus anzustreben, wäre kontraproduktiv, wäre falsch verstandene Selbstverbesserung. Wir müssen sie in einem organischen Denken anstreben. Unser Verstand wird bei einem dermaßen im Wortsinn sinn-vollen Vorgehen mithalten und sich mit entwickeln können: Hirnforscher beobachten seit Jahren erstaunt, was für ein Potenzial im Gehirn noch steckt. Vieles wird schneller in Bewegung kommen, wenn wir erkennen, dass sich nicht die Natur oder der Kosmos unseren läppischen Messmethoden gegenüber beweisen müssen, sondern wir ihnen gegenüber, mit einem organischen, nachhaltigen und nicht zerstörerischen Denken. Die Intuition spielt mit ihren besonderen Kommunikationsstrukturen bei so großen Ansätzen eine wichtige Rolle.

Übungen für mehr Intuition machen also nur richtig Sinn, wenn man zuvor die richtige Einstellung entwickelt. Das ist sozusagen die fruchtbare Erde, die wir bereitstellen, damit die Saat aufgeht. Nicht von ungefähr haben wir ausführlich über den Verstand geredet, über Forschungen, wonach auch das Herz ähnlich wie das Gehirn Erinnerungen speichern kann, und andere, nach denen offenbar wurde, dass Körperzellen in einem kommunikativen Kontakt bleiben, selbst wenn man sie dem Körper entnimmt. All das zeigt uns, wie wichtig und seriös der Begriff Ganzheit ist. Also müssen wir, die wir uns optimaler auf den Zugangswegen zur Intuition bewegen wollen, diese Wege durchgängiger machen und unsere eigene innere Beweglichkeit für das Nutzen dieser Wege verbessern. Die nachfolgenden Intuitionsübungen helfen dabei.

Für diese bessere innere Beweglichkeit können wir uns unser Selbst bildhaft vorstellen, dass es ein Gefährt für das Befahren der Zugangswege zur Intuition ist, und wir haben die Aufgabe, das Gefährt optimal zu gestalten. Unser Gefährt – das ist unser Ich, diese geniale Verbindung von Körper, Geist und Seele. Hier sollte das Zusammenspiel der Komponenten stimmen, wie beim Autofahren, bei dem der Fahrer seine Aufgabe beherrschen und sein Ziel kennen wie auch das Auto technisch in Ordnung und der Tank gefüllt sein sollte. Nur dieses Zusammenspiel garantiert eine erfolgreiche Fahrt.

Um in Harmonie von Körper, Geist und Seele mit richtigem Gespür auf die Spur der Intuition zu kommen, sollten also alle drei Bereiche optimal funktionieren. Das tun sie dann, wenn man sie, so gut es geht, fit hält. Da ist es kein Unsinn, wenn man sagt, ein Körper, der viel bewegt wird, nützt einer guten Intuition. Es ist sicher kein Zufall, dass viele Sportler eine ausgeprägte Intuition haben. Das wird zwar oft nur als Instinkt und Reaktion erklärt, aber es gibt viele große Sportmomente, die sicher eine weit darüber hinausgehende Intuition aufzeigten. Man sollte ganz einfach Körper, Geist und Seele in optimaler Wahrnehmung benutzen, um seine Wege zur Intuition in jeder Hinsicht optimal gestalten zu können.

Um diese Verbindung aus Körper, Geist und Seele zu haben und für die Intuition wirklich in allen Zugängen das große Schild „Herzlich willkommen" aufzustellen, müssen wir auch unsere Wahrnehmung, unser Spüren und unser Aussenden von Impulsen üben.

Ein „rundes Paket" erhalten wir, wenn wir das Üben strukturieren – in einen Bereich von „äußeren Wahrnehmungen" und „inneren Wahrnehmungen":

• Die Übungen für die äußeren Wahrnehmungen beziehen sich auf Wahrnehmungsübungen im Alltag, im Wachzustand; Übungen ohne Zeitaufwand: Wir integrieren sie ganz einfach in alltägliche Abläufe. Dann werden auch langweilige Routinevorgänge plötzlich inspirativ.

• Die Übungen für die inneren Wahrnehmungen, die Sie auf der beiliegenden CD finden, sind Übungen in einer Tiefenentspannung, ähnlich dem Autogenen Training. Sie helfen nicht nur unserer intuitiven Power, sondern bringen uns auch alle angenehmen Vorteile einer Tiefenentspannung.

Die Übungen der ersten Gruppe laufen über unsere fünf Sinne, Tasten, Sehen, Hören, Riechen, Schmecken. Wir nehmen über die Sinne wahr, dringen dabei aber tiefer zu einem ganzheitlichen organischen Erfassen. Aus bestimmten Situationen kennt das jeder: Denken Sie nur daran, wenn Sie den geliebten Partner, die Partnerin in schnuckeligen Situationen riechen und berühren dürfen, stellen Sie sich vor, wie dabei eine besonders anrührende Musik etwa von Pachelbel oder einer Bluessängerin läuft – da werden all diese einzeln registrierten Sinneserfahrungen ein wunderschönes Ganzes. Genauso funktionieren diese Übungen.

Hören und Sehen kann man auch als sachliche „Instrumente" zur Lebensbewältigung sehen. Sie sind prinzipiell für unsere örtliche Orientierung und die Kommunikation mit anderen Menschen über die Sprache da. Aber das ist eben noch nicht alles. Jeder weiß, dass da noch viel mehr geht, dass uns der Anblick eines schönen Gemäldes, der Geruch einer blühenden Landschaft geradezu verzaubern können, wir haben alle schon oft erlebt, in welche Welten uns ganz bestimmte Musikstücke führen können ...

Nehmen wir die Musik: Das Hören dient keiner Orientierung oder Warnung vor Gefahr. Wir sitzen sicher im Sessel, zu Hause vor der Stereoanlage oder im Konzertsaal. Und wir hören eine traumhafte Musik. Was passiert? Zum einen registriert das Gehirn, der Verstand über das Sinnesorgan Ohr die Musik. Aber es passiert bekanntlich noch viel mehr, sonst würden nicht so vielen Menschen bei besonders schöner, uns tief im Herzen „treffender" Musik sogar die Tränen kommen. Mal sind es Emotionen, die durch die Schönheit der Musik ausgelöst werden, mal wird dies auch noch mit persönlichen Erinnerungen vernetzt, von der Musik angeregt – und manchmal passiert noch viel mehr: Beim Hören mancher Musik geht diese nicht nur „ans Herz", es kommen auch innere Bilder und Gedanken hoch, die man so noch nie hatte. Viele Künstler arbeiten darum mit Musik: Sie fördert ihre Kreativität, lässt die Ideen schneller sprudeln, öffnet Kanäle zu anderen Dimensionen. Das ist kein Wunder, sondern zeigt, dass wir ganz enorme Vernetzungen haben.

Darum ist es Teil der Intuitionsmethode, unsere normalen Sinne ebenso zu üben wie die „inneren Sinne", also die Kommunikation mit dem Unterbewusstsein: weil beide Bereiche ganz eng miteinander vernetzt sind. Übt man beide Bereiche, ist die Vernetzung besser, stärker, unsere Antennen zur Urkraft Intuition sind damit optimal justiert.

Die Inneren Übungen auf der CD sind Übungen, die über eine ähnliche Funktionsweise wie das Autogene Training funktionieren. Die CD macht es Ihnen leicht, in die Tiefenentspannung zu kommen: Die vier Meditationen zur Verbesserung der Intuitionszugänge sind mit einer herrlich beruhigenden Entspannungsmusik unterlegt, und Sie werden von den Autoren in die Entspannung und die positiven Formeln für eine verbesserte Intuition geführt.

Dabei muss auch hier wieder betont werden, dass es dennoch ein *autogenes* Üben ist, dass also Sie selber der „Herr im Haus" sind und bleiben: Denn Ihr Unterbewusstsein akzeptiert solche Meditationen nur, wenn Sie als authentische Person damit einverstanden sind. Es ist nichts anderes als ein Training, und man kann es gut mit Trainern im Sport vergleichen: Man trainiert eine Zeitlang mit dem Trainer – und kann es dann *selbst*.

So sind es Sie selber, der es über die Tiefenentspannungen nach einiger Übung kann. Sie selber haben dann für immer die großartigen Möglichkeiten, die die Kommunikation mit dem Unterbewusstsein und damit der Intuition eröffnet. Und so ganz nebenbei erlernen Sie über die vier Meditationen auf der CD auch den grundsätzlichen Weg in eine Autogene Tiefenentspannung.

Wenn Sie beides üben, die äußeren Wahrnehmungsübungen wie auch die Tiefenentspannung, wird sich die positive Wirkung bald zeigen. Sie werden zum Beispiel bei den äußeren Wahrnehmungsübungen, bei denen etwa geübt wird, mit den Augen nicht nur oberflächlich zu gucken, sondern tiefer zu blicken, über Ihre neuen meditativen Fähigkeiten viel rascher und intensiver Dinge über das intuitive Spüren erfassen können.

Lernen Sie das Spüren –
wie die Nomaden

Wir sollen also das organische Denken und die Intuition neu üben – dabei tragen wir diese Vernetzungen schon über rund eine Million Jahre Menschheitsgeschichte in uns. Den Großteil dieser Zeit hat der Mensch als Nomade verbracht – und hat ohne jede einengende Planung gelebt, wie man heute weiß. Vernünftige Planung hat jedenfalls den Löwenanteil der menschlichen Existenz nicht bestimmt, vielmehr hängte man die Nase spürend in den Wind und wusste intuitiv, wo es morgen langgehen würde. Ein Tag intensive Arbeit im Dschungel, in der Savanne oder den Wäldern reichte meist aus, um die Familie für eine ganze Woche zu ernähren. Der Mensch setzte in dieser Million Jahre ohne analytisches Denken seine fünf Sinne ein und erreichte damit häufig ein autarkeres, spirituelleres und weiter blickendes Leben, als wir es heute haben.

Das ist natürlich kein Plädoyer für ein Leben in Steinzeitverhältnissen! Es geht vielmehr um die Frage, warum wir, als wir unseren Verstand immer mehr entwickelten, dies nicht geschickt mit den Urkräften verbunden haben, statt diese Kräfte über Bord zu werfen. Letzteres wurde dermaßen gründlich gemacht, dass man selbst heute den wenigen verbliebenen Nomaden, die gewiss niemandem schaden, nicht traut: Alle Staaten, in denen noch Nomaden leben, wollen ihre Lebensform zerstören. Nomaden sind in unserer Welt zu unberechenbar in ihrem planlosen und unlogischen Verhalten. Man zwingt sie, sesshaft zu werden, will eine überschaubare, kontrollierbare Ordnung haben – und die Nomaden gehen dabei ein, weil sie unsere kalte, aufteilende Lebensform nicht leben wollen und können. Geht man vielleicht auch deshalb so mit ihnen um, weil unser Intellekt Angst vor dem tausendmal älteren Urbewusstsein und seinen intuitiven Kräften hat?

Schon als Kind wird uns organisches Bewusstsein ausgetrieben: Kleine Kinder leben oft wie in einer Anderwelt, haben starke intuitive Eingebungen und hängen diesen gedanklich nach. Spätestens wenn sie eingeschult werden, verlieren sie diese Fähigkeit. Denn da kommt dann, wenn ein Kind nicht „spurt", sofort der Tadel: „Du Tagträumer, pass doch auf." Ab jetzt lernt man Normen und klare Logik. Die früheren Fähigkeiten, dieses Wahrnehmen der Umwelt im Ganzen und Großen, das Gespür, die Intuition, verlieren sich nach und nach. Diese Qualitäten wiederzufinden, den *Flow* zu verstärken, ein „insgesamtes Spüren" zu erreichen, das kann man aber wieder üben: durch das Schärfen und Verbinden der Sinne und Teilen des intellektuellen Denkens mit den inneren Kanälen zur Intuition.

Mit den beiden Arten der Wahrnehmungsübungen kommt man zu einem Wahrnehmen, das mehr und mehr die Kanäle zu unserer Urkraft Intuition verbessert. Sie werden sehen, dass es dann ganz normal wird, dass bereits bei diesen kleinen Wahrnehmungsübungen helfende intuitive Gedanken immer mehr „hineinfunken" und Sie mit blitzartigen Informationen, Eingebungen, Inspirationen versorgen.

Während die Inneren Übungen Ihnen die Fähigkeit zu totaler Entspannung verleihen, die die direkten Zugänge zum Unterbewusstsein öffnet und damit eine besondere innere Wachheit und Selbstkompetenz erzeugt, erreichen Sie diese erhöhte Wachheit und Achtsamkeit gegenüber allem, was passiert und was Sie tun, bei den Äußeren Übungen über eine besondere Präsenz, eine neue Aufmerksamkeit vielen Dingen in Ihrer Umwelt gegenüber, die sie in ganz neuem Licht sehen werden.

Die Inneren Übungen sind „Couch-Übungen". Sie ziehen sich dazu 15 bis 20 Minuten lang zurück und genießen im Liegen (es geht, wenn die Umstände es erfordern, auch im Sitzen) eine wunderbare Tiefenentspannung mit einigen speziellen, tief wirksamen Formeln. Zuvor sorgt man dafür, dass man für die etwa 20 Minuten andauernde Meditation völlig ungestört ist. Eine Tiefenentspannung funktioniert besser, wenn die Arme ein wenig seitwärts vom Körper liegen und ihn nicht berühren, ebenso wie die Beine ganz leicht gespreizt sein sollten.

Wenn Sie im Sitzen üben, empfiehlt sich die „Kutscherbockhaltung", die fürs Autogene Training von den Wiener Fiakerfahrern abgeschaut wurde. Wenn die Fahrer der Pferdekutschen keine Kundschaft hatten, dösten und entspannten sie in dieser Haltung: Beine gespreizt, der Oberkörper beugt sich nach vorne, bis man beide Ellenbogen entspannt auf beide Oberschenkel stützen kann, den Kopf lässt man ganz entspannt einfach hängen.

Nun lässt man sich in eine tiefe Entspannung sinken.

Es gibt so viele Felder, die nicht vom Verstand gesteuert werden und schon gar nicht mit seinem Wissen erklärt werden können. Wenn etwa eine schwere Holzplatte auf ein Kind fällt und es vor Schmerz brüllend darunter eingeklemmt ist, es die zart gebaute Mutter schafft, diese 100 Kilo schwere Platte anzuheben, um ihr Kind zu retten, dann ist das logischerweise nicht möglich, denn im „Normalfall" kann so eine Frau niemals so eine Platte auch nur einen Zentimeter anheben – aber genau solche Fälle passieren. Es wirken eben andere Kräfte als die, die wir in unserem üblichen Erklärungsrepertoire haben.

Nehmen wir den Frauenarzt, der sagte, er sei vielleicht nicht gläubig, aber doch sehr demütig geworden, nachdem er schon mehrfach schwangeren Frauen sagen musste, sie könnten wegen ihres viel zu schmalen Beckens nie und nimmer ihr Kind auf natürliche Weise zur Welt bringen, ein Kaiserschnitt sei die einzige Möglichkeit – und dann wurden die Kinder ganz normal geboren, der Arzt hatte keine Erklärung dafür, nur Respekt vor „der Natur". Diese Natur ist für uns da, wir müssen uns nur auf sie einlassen, sie spüren, im rechten Moment wachsam registrieren. Dann geht vieles, was angeblich „eigentlich" nicht geht. Probieren Sie es aus, trainieren, üben Sie regelmäßig. Und suchen Sie sich die „Übung des Tages" immer intuitiv aus, Sie werden spüren, was heute gut für Sie ist.

Beide Übungsbereiche, die Wahrnehmungsübungen (Äußere Übungen) wie auch die meditativen Übungen (Innere Übungen) haben gemeinsam, dass das Leben sich in alle Richtungen weitet. Die Wahrnehmungsübungen gehen fast spielerisch mit all unseren Antennen um, den fünf Sinnen, dem Spüren und Verbinden mit den Gefühlen und Erfahrungen – zu Hause, im Job und unterwegs, egal wo, alles wird neu erfahren und weitet sich in neue Räume. Dasselbe passiert bei den meditativen Übungen, wenn man sich bildhafte Vorstellungen gibt und dann auch wieder von selbst neue entstehen.

Sie werden sehen: Es entsteht schnell eine andere Lebensqualität. Beim weiteren Üben bekommt man dann vermehrt Besuch von seiner Intuition, und zwar genau in den Momenten und bei den Themen, in denen man sie braucht.

Bis die Intuition schließlich ihr verlässlichster Partner geworden ist.

Übung:
Das Routine-Wege-Training

Mit diesen Übungen trainiert man, die vielen Facetten der Umwelt, an denen man bisher eher achtlos vorüberging, neu wahrzunehmen. Nach und nach wird sich das Band vom scheinbar banalen Wahrnehmen zum inneren Fühlen und Speichern des Wahrgenommenen verstärken. Diese Übungen im Wachzustand geben den fünf Sinnen neue Aufgaben für ein achtsames Erfassen. Dieses wird dann zur „Verwertung" nach innen gegeben – genau diese Kanäle nach innen werden somit nach und nach „durchgängiger".

Dadurch wachsen neue Vernetzungen, wie bei einem Fischernetz, das immer ein bisschen weiter geknüpft wird. Nach und nach spürt man, wie beim achtsameren Erfassen der Umwelt über die fünf Sinne auch andere Energieebenen und „Sinne" hineinspielen. Bald wird das Hören oder Sehen zu einem tiefergehenden Begreifen und Korrelieren von Fakten, Umständen, Vergangenheit, Zukunft und Gegenwart – man hat viele Kanäle frei gemacht und vernetzt, und jetzt kann hier die Intuition durchfließen. Es ist, wie wenn man aus einem Stück Holz eine Skulptur schnitzt. Erst geht es nur darum, die Fertigkeit des Schnitzens gut hinzubekommen, mit dem Ziel, aus dem rohen Klotz etwas Eigenes zu schaffen. Dann aber, wenn die Skulptur schließlich fertiggestellt ist, merkt man, dass man auf einer höheren Ebene angekommen ist: wenn man nämlich spürt, dass die fertige Holzfigur etwas ausstrahlt.

Der tägliche Weg zur Arbeit und zurück ist für die meisten gleichförmig und reine Routine. Mit Wahrnehmungsübungen durchbricht man das dumpfe Gefühl beim Arbeitsweg, die abstumpfende Routine. Wenn Sie nichts Besseres zu tun haben, also ohne Begleitung zur Arbeit fahren oder gehen, wenn Sie im Bus nicht lesen oder im Auto nicht telefonieren müssen, sollten sie die Zeit auf dem Weg zur Arbeit nutzen.

Auf dem Fußweg: Sie gehen zu Fuß zum Büro oder zum Bus, zur U-Bahn, zum Bahnhof, und es ist jeden Tag derselbe Weg. Man kennt die Zeit, die man braucht, die Ampelschaltungen, die Weglänge. Aber was kennen Sie sonst, was nehmen Sie wahr, was alles könnten Sie an exakten Details berichten?

Machen Sie das Elf-Tage-Arbeitsweg-Wahrnehmungsprogramm. Jeden Tag nehmen Sie sich ein neues Thema vor und üben es auf dem Weg zur Arbeit und zurück. Denn am Abend sieht, wirkt, fühlt sich vieles anders an als am Morgen. Sie können die Übungen selbstverständlich nicht nur auf dem Arbeitsweg spielerisch ausprobieren – die Betonung liegt nur deshalb auf Arbeitsweg, weil dies meist ein recht ungeliebter und unbeachteter, sehr wahrnehmungsgetrübter Teil des Tages ist, den man mit den Übungen optimal ausfüllen kann.

Das Elf-Tage-Arbeitsweg-Wahrnehmungsprogramm:

- Tag eins: Ich nehme mir vor, heute auf dem Fußweg zur Arbeit die Farben aller Häuserfassaden anzuschauen. Ich werde nicht nur kurz hinschauen, sondern in mich aufsaugen, was ich sehe. Ich werde nur auf die Farben der Häuser achten, nicht auf ihre Formen, nicht auf die Menschen und Autos, nicht auf die Bäume, nur auf die Farben der Gebäude. Ich werde fühlen, wie die Farben auf mich wirken, ob sie mich fröhlich machen oder eher nicht. Ich werde wach registrieren, dass ich jetzt erst merke, welche Farben die Häuser überhaupt haben. Ich spüre mich abends auf dem Rückweg hinein, welches Haus wegen seiner Farbe heute mein Lieblingshaus und welches mein Hässlichhaus ist, und versuche zu fühlen, warum.

- Tag zwei: Ich nehme mir vor, heute auf dem Weg zur Arbeit meine Art zu gehen in den Fokus zu stellen. Dabei erfahre ich, dass ich auf den gleichmäßigen Rhythmus und „runden" Ablauf meiner Schritte achten muss. Ich merke, dass ich nicht unachtsam so vor mich hingehen kann, weil sich das eckig oder kraftlos anfühlt. Vielmehr muss ich mit dem ganzen Körper in einem weichen Rhythmus schreiten, schreiten. Ich rolle bewusst meinen Fuß von der Ferse bis zur Spitze auf dem Boden ab, spüre dabei eine sehr erfrischende Verbindung meiner Füße zum Untergrund, merke, dass bei einem harmonischen Rhythmus auch meine Arme beteiligt sind, stelle fest, dass viel mehr Wachheit und Dynamik dabei ist, wenn ich aufrecht gehe, mit gerader Wirbelsäule und gestrecktem Hals, spüre, wie ich größer werde. Spielerisch variiere ich, mache mal kleinere Schritte, dann wieder größere, das fühlt sich verschieden an. Mal stelle ich die Fußspitzen beim Gehen mehr nach außen, mal weniger. Mal wippe ich unter betontem Einsatz der Wadenmuskeln beim Abrollen der Fußspitze etwas nach oben, und dann gehe ich betont weich, wie auf Mokassins, sodass mein Kopf kein bisschen nach oben wippt.

- Tag drei: Am diesem Tag konzentriere ich mich wieder auf meine Schritte, nehme nun aber die Atmung mit in den Fokus meiner Wahrnehmung. Ich passe das Ein- und Ausatmen meinen Schritten an. Ich gehe nun forcierter, das ist ja auch gesund. Und dann wieder ganz langsam, wobei ich meine Atmung mehr höre. Ich merke bald, dass ich für das Ausatmen immer einen Schritt mehr brauche als für das Einatmen. Mal atme ich zweimal ein und dreimal aus, mal drei Schritte ein und vier Schritte aus. Ich fühle, wie ich dadurch dynamischer und gleichzeitig ruhiger gehe und wie ich nun erstmals auf dem ganz normalen Arbeitsweg meine Atmung, meine Lungen wahrnehme, und fühle mich dabei sehr wohl. Am Morgen macht mich diese Übung sehr wach und am Abend baut sie neue Energien auf.

- Tag vier: Auf dem Fußweg zur Arbeit fahre ich „aus meiner Haut". Ich suche mir eine Person aus, die etwa in meiner Geschwindigkeit vor mir geht und nehme meinen Körper nur als eine Art motorisches Gerät, mein Ich aber fühlt sich in diese Person vor mir hinein. Ich versuche zu spüren, wer diese Person ist. Welchen Beruf hat sie wohl? Wohin geht sie? Hat sie Sorgen oder ist sie glücklich? Ich konzentriere mich noch mehr auf diese Person und denke an ihre Wohnung und drücke beim allerersten Bild, das in mir erscheint, sofort auf den Auslöser meiner inneren Kamera, um das Bild festzuhalten. Mein Ich ist jetzt wieder ganz in meinem Körper, und auf dem restlichen Weg schaue ich mir dieses Foto genauer an, die Möbel, die Gegenstände, die Stimmung in dieser Wohnung. Ich kann dabei auch wahrnehmen, wie die Vernunft in mir auch mal sagt, dies oder das sei Unsinn, es war doch eine so junge Person, die kann niemals so altmodisch eingerichtet sein. Ich sage innerlich meiner Vernunft, meine Intuition habe das aber anders gesehen und sie liegt in solchen Dingen richtig, ich vertraue ihr.

- Tag fünf: Auf meinem heutigen Weg zur Arbeit gehe ich absichtlich so achtlos wie früher, ich nehme optisch nichts weiter wahr, schaue wie mit Scheuklappen nur stur vor mich hin. Auch mein undynamischer Gang, verbunden vielleicht mit schlechten Gedanken an unangenehme Aufgaben heute, zeigt keine Wahrnehmung und damit keinen besonderen Selbstwert. Ich merke, dass man, wenn man so seine Routinegänge verbringt, recht dumpf wird. Aber jetzt nutze ich genau diese Dumpfheit: Einige Sinne sind dumpf in Watte gepackt, und ich konzentriere mich mit allen meinen Energien auf das Hören. Ich konzentriere mich auf die Hörfähigkeit meiner Ohren, darauf, dass ich mit ihnen ein sensibles Stereosystem habe, und spüre, welche Töne ich im einen Ohr tatsächlich stärker oder sogar anders wahrnehme als im anderen Ohr. Ich konzentriere mich eine Minute lang nur auf Geräusche, Autos, Bahnen, das Klacken von Ampeln, das Quietschen ungeölter Fahrradketten; dann eine Minute lang nur auf Worte, Wortfetzen, Gespräche, Rufe. Ich schaue mit meinen Augen mit verengtem Tunnelblick nur ganz steif, ganz gerade nach vorne und versuche nun die Geräusche seitlich von mir und hinter mir zu orten, welcher Sache oder welchem Menschen die Töne zuzuordnen sind, wie die Entfernungen sind. Ich achte dabei auf die blitzschnell zu den Tönen hochkommenden Bilder in mir – dann drehe ich mich um und kann unmittelbar danach checken, ob ich mit meinen intuitiven Bildern richtig lag oder falsch. Auch hier achte ich auf die flashartig hochkommenden *ersten* Bilder und bemerke auch, wenn „Korrekturbilder" vom Verstand kommen.

- Tag sechs: Ich fühle heute auf dem üblichen Arbeitsweg, wer eigentlich *mich* wahrnimmt. Ich spüre erst nach, wie ich mich heute fühle und schalte dann um, wie die Menschen mich registrieren. Wenn mich Menschen anschauen, was in der Alltagseile immer nur sehr kurz sein wird, nehme ich sofort Augenkontakt auf und versuche dabei, die Energie zwischen den Blicken zu spüren. Direkt danach spüre ich nach, was dieser Blickkontakt verursacht hat, wie ich diesen Menschen und vor allem, wie er wohl mich wahrgenommen hat. Wieder achte ich auf das wichtige allererste Bild und löse meine innere Kamera aus, um mir einige Bilder später nochmals vor Augen führen zu können.

- Tag sieben: Wenn ich heute mal mit dem Auto zur Arbeit fahre, kann ich die anderen Übungen auf den kurzen Wegen zum und vom Auto im Schnelldurchlauf machen. Im Auto selbst achte ich vor allem auf meine Konzentration beim Fahren und kann mich von anderen Übungen nicht ablenken lassen! Aber ich kann, im Stau stehend, hin und wieder die Wahrnehmung der Geräusche üben oder ein kurzes Michhineinversetzen in den Fahrer vor mir oder neben mir. Ich kann im Auto auch ein Fahren mit mehr Bewusstheit, mehr Achtsamkeit üben. Ich fühle mich dabei verbunden mit meinem Auto, beim Schalten, Lenken, Blinken und spüre, wie meine Aktionen mit den technischen Reaktionen des Autos eine harmonische Einheit bilden.

- Tag acht: Im Bus, in der Straßenbahn, im Zug oder in der U-Bahn übe ich wie schon beim Gehen auf der Straße das Michhineinversetzen in eine andere Person. Der Unterschied ist, dass ich mich nicht bewege, dass meist mehr Zeit ist und man sich eine Person heraussuchen kann, die einem direkt gegenübersitzt. So kann diese Übung einen leicht meditativen Charakter bekommen. Wer ist sie, was denkt sie gerade, was macht sie beruflich, ist sie glücklich oder nicht, wie sieht ihre Wohnung aus, was für Träume, Ziele hat sie wohl?

- Tag neun: Ich schaue mir wieder an einem etwas ruhigeren Ort – ein Wartesaal, eine längere Bahnfahrt – Menschen an, suche mir einen einzelnen sehr jungen Menschen heraus, lasse in Ruhe sein Gesicht, seinen Ausdruck auf mich wirken. Ich atme ruhig, sehr ruhig und spüre eine leicht tranceartige Stimmung in mir. Nun stelle ich mir vor – ich denke nicht logisch, sondern ich stelle mir bildlich vor! – wie dieser Mensch wohl vierzig Jahre später aussieht. Ich warte in ruhiger, abgesenkter Konzentration, bis sich ein Bild verdichtet. Am Abend mache ich dieselbe Übung mit einem sehr alten Menschen und stelle mir in meditativer, ruhiger Konzentration vor, wie dieser Mensch wohl im Alter von zwanzig Jahren ausgesehen hat. Wenn ich dieses Bild habe, schaue ich mir den alten Menschen wieder an und versuche, in der Landkarte seines Gesichtes zu lesen, versuche zu erkennen, welche Lebenserfahrungen ihn geprägt haben.

- Tag zehn: Wieder konzentriere ich mich in der Rush-Hour-Hektik am Bahnhof, im Bus, der U- oder Straßenbahn auf einen einzelnen Menschen. Ich schaue ihm nun aber nicht von vorne in die Augen, sondern sehe ihn von hinten an, mache das äußerlich eher unauffällig, gebe aber innerlich all meine Achtsamkeit darauf, mit ihm Kontakt aufzunehmen – und werde sehen, nachdem ich diese relativ anstrengende Übung öfter gemacht habe, dass dieser Mensch es spürt, sich umdreht und Augenkontakt mit mir aufnehmen wird.

- Tag elf (und weitere...): Ich habe an den Arbeitsweg-Wahrneh-mungsspielen Gefallen gefunden und mache es mir heute zur Aufgabe, mir selber ein neues Spiel einfallen zu lassen.

Ich gehe jede Übung in leichter, spielerischer Stimmung an. Die Vertiefung kommt ganz von selbst, ganz ohne Wollen, nur durch achtsames Zulassen.

Übung:
Mitgefühl üben

Lernen Sie, im Alltag von einer Abgestumpftheit wegzukommen. Lernen Sie, Mitgefühl zu geben, zu zeigen und Reaktionen darauf zu empfangen. Dies ist kein religiöses Buch, sondern ein Sachbuch – aber weder Religionen noch Politiker oder andere Institutionen haben das Mitgefühl für sich gepachtet. Mitgefühl gehört niemandem, es ist eine universelle Gabe für ein besseres, liebevolleres Zusammenleben.

Es mag Egozentriker geben, die Mitgefühl für einen überflüssigen Luxus in modernen, stromlinienförmig effizienten Gesellschaften halten mögen – sie sind leider auf einem grausamen Holzweg, denn diese vorgebliche Effizienz bricht schließlich zusammen wie ein Kartenhaus, ob bei seelenlosen Börsenbrokern oder bei eiskalten Familienpatriarchen. Wirklichen Erfolg im Leben hat nur der, der Mitgefühl hat, den anderen nicht ausgrenzt, sondern in respekt- und liebevoller Abgrenzung den Anderen anders sein lässt – ohne dass man alle Handlungsweisen gutheißen muss.

Mitgefühl heißt, erst einmal andere Menschen wahrzunehmen und sie Mensch sein zu lassen. Nicht blind an ihnen vorbeizugehen. „Oh please, don't pass me by" heißt ein berühmtes Lied des Sängers Leonard Cohen, er wurde dazu angeregt, als er in New York in den Straßen viele Blinde und Behinderte sah.

Mitgefühl haben und leben heißt auch, etwas für sich selbst zu tun. Sehr oft wird jede Form von Mitgefühl und sozialem Engagement einseitig gesehen, man glaubt, nur etwas für den anderen zu tun. Fragen Sie einmal sehr mitfühlende Menschen, sie werden staunen, wenn ihnen jeder sagt, dass sie selbst am meisten davon hätten. Tatsächlich, mitfühlende Menschen lernen, alles wahrzunehmen, tausendfach mehr zu registrieren als andere Menschen, sie erleben das Leben in größerer Tiefe.

Diese Menschen haben eine unglaublich starke Intuition und werden mit jeder Situation im Leben fertig. Sie fallen nicht so leicht, wenn sich ihr eigenes Leben sehr ändern sollte. Denn sie kennen durch ihr Mitfühlen alle anderen Situationen längst. Keine Möglichkeit ist ihnen fremd, denn sie haben überall mitgefühlt. Wenn man sein Leben lang alten, gebrechlichen Leuten selbstverständlich über die Straße half, wird man mit dem Leben viel leichter zurechtkommen, wenn man selbst die 85 Jahre erreicht hat.

Dies ist kein Buch über Mitgefühl. Aber eine gute Intuition impliziert Mitgefühl – im Kapitel über Egoismus wurde die andere Seite gezeigt und wie kontraproduktiv sie ist.

Wie übt man nun Mitgefühl? Diese Frage ist nicht einfach zu beantworten, denn Mitgefühl ist nichts anderes als Liebe zum Menschen. Es geht also um die Essenz unseres Seins. Und doch, ein bisschen Üben kann man doch. Man kann üben, Menschen offener und aufmerksamer wahrzunehmen, mit dem Herzen, mit Mitgefühl. Man kann sich in sie hineinspüren, fühlen, was sie bewegt. Und eine Übung gibt es, die bei vielen Menschen die Rollläden so richtig hochgehen lässt: Machen Sie sich von Menschen, vielleicht gerade von jenen, die sie in einer ersten Reaktion eher ablehnen oder zumindest gerne übersehen, die Jugendbildübung.

Sie ist ganz einfach: Sie begegnen einem alten, etwas unappetitlich aussehenden Penner. Oder einer ungepflegten Frau. Oder einem Jugendlichen im Rollstuhl, der an einer geistigen Behinderung leidet. Ganz ehrlich: Um solche Menschen machen doch viele von uns gerne einen großen Bogen, oder? Nun stellen Sie sich bildlich, szenisch vor, dass die ungepflegte Frau vielleicht durch großes Pech im Leben völlig verarmt ist, sie ist einsam und auch ziemlich krank, kann kaum noch für sich sorgen – aber als sie achtzehn Jahre alt war, war sie doch eine junge, hübsche Frau, oder? Schauen Sie mal, wie sie wohl mit achtzehn ausgesehen hat. Und dann mit sechs Jahren: Als sie sechs war, freute sie sich auf einer Sommerwiese über das schöne Wetter und widmete sich stundenlang dem Seilspringen. Als sie dreißig war, kümmerte sie sich intensiv um ihre beiden kleinen Kinder.

Schauen Sie sich solche Menschen an, nicht mit dem schnellen Augen-Blick eines oberflächlichen Augenblicks, sondern mit einer Wahrnehmung, die versucht, hinter das vordergründig Sichtbare zu sehen, und sie werden diese Geschichten hinter den Falten, den matten Augen und dem krummen Buckel, der alle Nackenschläge verrät, sehen. Schauen Sie sich den Penner an, und Sie werden vielleicht ein intuitives Bild davon bekommen, was für ein strahlender, sportlicher Jüngling er mal war, bis ihm irgendein Erlebnis das Kreuz gebrochen und den Lebensmut geraubt hat. Schauen Sie sich auf diese Weise auch den Jugendlichen in seinem Rolli an und denken Sie bildhaft daran, was für ein fröhlicher, aktiver Mensch er sein könnte, hätte er vielleicht nicht bei seiner Geburt das Pech minutenlangen Sauerstoffmangels gehabt.

Es ist nicht gerade eine der leichten, spielerischen Übungen. Aber gerade bei solchen Begegnungen werden Sie die Kraft der Intuition ganz besonders spüren.

Übung:
Seien Sie heute Hund oder Katze

Können Sie sich vorstellen, dass ein Hund mit seinem Geruchssinn einen Menschen orten kann, der sieben Meter unter dem betonharten Schnee einer Lawine liegt? Schon oft konnten so Menschen nach einem Lawinenabgang noch rechtzeitig gerettet werden. Hunde werden auch bei Erdbebenkatastrophen eingesetzt oder zum Aufspüren von Sprengstoff oder Drogen.

Oder können Sie sich die unglaubliche Wahrnehmungsfähigkeit einer Katze vorstellen? Wenn wir Menschen uns auf Unerwartetes einstellen wollen, müssen wir in permanenter Spannung und Aufmerksamkeit sein. Eine Katze dagegen ist immer „auf Wachposten" – kann sich aber dennoch extrem entspannen. Sie liegt völlig relaxed auf dem Teppich, aber in derselben Sekunde, in der eine Maus vorbeisaust oder eine Fliege sehr nah vorbeinavigiert, ist sie plötzlich wie ein gespannter Bogen und schnellt nach vorne.

Stellen Sie sich als ein ganz lockeres Spiel einfach mal vor – wenn Sie gerade durch den Park gehen oder über einen Flohmarkt – Sie seien ein Hund oder eine Katze. Denken Sie sich in die Witterung hinein, die ein Hund hat. Sie haben unversehens eine fünfzigtausendfach empfindlichere Nase und denken sich in die Möglichkeit hinein, die Currywurstbude, die ganz am Ende des Flohmarktes steht, jetzt schon riechen zu können. Einfach hineindenken, dass Sie der olfaktorische Superman sind – und Sie werden sehen: Wenn sie der Currybude näher kommen, werden Sie ihre Gerüche ganz anders wahrnehmen als sonst. Dasselbe passiert im Park, wenn Sie sich auf bestimmte Blüten konzentrieren.

Wenn Sie dann auch mal Katze sein wollen, stellen Sie sich vor, Sie sind körperlich nicht so steif, wie wir Menschen es nun mal sind, sondern beweglich wie ein Gummiball, und dies verbindet sich mit einem ebenso schnellen, beweglichen Erfassen von Situationen. Egal, wo Sie sind, nehmen Sie sich vor, immer viel schneller als sonst, eben mit Katzen-Tempo, mindestens in Zehntelsekunden, erfassen zu können, wenn sich eine Situation ändert. Üben Sie, die Situation nicht nur in Teilen, sondern in Gänze, wie ein Gesamtbild zu erfassen.

Es ist nur ein lustiges Spiel, das Sie ganz alleine und unauffällig für sich machen können. Sie können die Sinnesübung variieren, etwa im Park sitzen und über Kopfhörer schöne Musik hören, sodass Sie also keine Außengeräusche hören. Nun schließen Sie auch die Augen. Was nun bleibt, ist das Riechen – hören Sie genussvoll Ihre Musik und konzentrieren sich gleichzeitig auf das Riechen, das nun fast alles alleine machen muss, um Ihnen zu Situationsbeurteilungen zu verhelfen.

Sie werden feststellen, dass Sie mit diesen kleinen Übungen überraschenderweise nun Dinge, Abläufe früher erfassen – manchmal sogar, bevor sie tatsächlich passieren ...

Übung:
Wer hat Recht – der Baum oder Sie?

Der Baum spielt in esoterischen Kreisen eine große Rolle. Man sieht ihn gerne als Antenne zum Kosmos, und ihn gefühlvoll zu umarmen, gehört zum Standard auf der Erleuchtungsreise. Natürlich können Sie herzlich gerne einen Baum umarmen, es ist immer gut, aus nächster Nähe zu spüren, und Holz ist etwas Wunderbares. Wer es mag, den Baum als Antenne ins Unendliche zu sehen, für den ist es gut – generell gilt für alle Übungen ohnehin: Man sollte sie natürlich abwandeln, wenn man mag, jeder nach seiner Façon. Vielen wird das Bäume-Umarmen jedoch etwas zu gefühlsduselig sein. Diese Menschen können etwas anderes, ebenso Ungewöhnliches mit dem Baum tun: mit ihm ein Gespräch führen.

Vielleicht macht man dabei die erstaunliche Feststellung, dass auch diese Form der Kommunikation möglich ist. Genau das ist ein Ziel dieser Übung: dass wir uns frei machen von üblichen Kommunikationsschienen, um zu begreifen, dass es wahrscheinlich unendlich viele solcher Schienen gibt, von denen wir noch gar nichts wissen. Die Baumübung ist eine Anregung, sich dieser Vorstellung zu öffnen.

Es muss kein imposanter Baum sein, nehmen Sie einfach den, der Ihnen gefällt, Hauptsache, Sie sind irgendwo alleine, denn dann können Sie sogar laut sprechen. Setzen Sie sich vor ihren Baum und stellen Sie sich ihn als das vor, was er ist: Als gut verwurzeltes und lebendiges Wesen, das wie wir auch eine Art „Blutdruck" hat, nämlich durch den Fluss seiner Säfte. Bäume leben, sie kommunizieren sogar miteinander, fanden Wissenschaftler heraus – in Afrika warnen sich Bäume vor Heuschrecken, damit sie rechtzeitig ihre Blätter einrollen können. Bei älteren Bäumen erkennt man in der knorrigen Rinde oft bizarre Formen und Gesichter. Lassen Sie diese Eindrücke spielerisch auf sich wirken. Dann fangen Sie einfach ein Gespräch mit dem Baum an und hören, ob Antworten kommen. Fragen Sie ihn, wie er heißt, was er so alltäglich erlebt, wie alt er ist, und erzählen Sie ihm auch von sich. Machen Sie dabei Pausen und lauschen. Verrückt? Es gibt nichts Besseres als ein Selbstgespräch, am besten laut geführt, irgendwo im einsamen Wald – das sagen auch Psychologen. Und Ihr Gespräch mit dem Baum ist ja fast dasselbe, nur ein wenig abgewandelt, weniger autistisch, da Sie ja im Zwiegespräch sind. Probieren Sie es einfach unbefangen aus und Sie werden sehen, dass gerade das, was ungewöhnlich und außer der Norm scheint, Ihnen etwas mitteilen kann.

Besuchen Sie Ihren Baum öfter, erzählen Sie ihm Neuigkeiten, lassen Sie das Gespräch fließen. Und dann schweigen Sie vielleicht wieder für einige Zeit und hören mit Ihren äußeren und inneren Ohren. Wenn Sie sich nun mit Entspannungsformeln, wie sie auf der CD zu hören sind, innerlich etwas „absenken", wird Ihr Besuch beim Baum auf jeden Fall für eine wunderbare Entspannung sorgen. Aber wahrscheinlicher ist, dass Sie tatsächlich über den Baum Antworten auf Ihre Fragen empfangen. Achten Sie wieder darauf, dass es die ersten, schnellsten Botschaften sind, um die es geht, und dass manches, was später als angebliche Botschaft kommt, wieder ein Konstrukt Ihres zweifelnden und ordnenden Intellekts sein kann. Der wird allerdings weniger hineinpfuschen, wenn Sie sich in der tieferen Entspannung befinden.

Übung:
Intuitive Blitze beim Ratespiel

Besonders spielerisch sind die alltäglichen Ratespiele, die helfen, innere, verfeinerte Fähigkeiten im Alltag zu erden:

- Schauen Sie nie auf die Uhr, ohne vorher selbst die Zeit geschätzt zu haben.

- Nehmen Sie sich vor, am Morgen immer genau fünf Minuten vor dem Klingeln des Weckers aufzuwachen (bei vielen Menschen ist das schon immer so ...).

- Wenn das Telefon klingelt, achten Sie bitte ausschließlich auf den ersten Gedankenblitz, die allererste Eingebung, wer da wohl anruft – also nicht erst einige Sekunden überlegen, dass es wohl der oder jener ist, weil der um diese Zeit öfter anruft, das wären schon verstandesmäßig abwägende Überlegungen; nein, nur der „intuitive Blitz" gilt! Sie bringen sich mit solchen kleinen Übungen aktiv ins Geschehen ein.

Diese schnellen, kurzen Übungen sind gut auszubauen und machen Spaß. Sie fördern die Intuition – aber wie gesagt: nur, wenn die Antwort „wie aus der Pistole geschossen" kommt. Jede Antwort, die auch nur Sekunden später kommt, ist das Ergebnis von logischem Faktenabwägen.

- Wenn Sie zum Kiosk gehen, stellen Sie sich vorher bildhaft vor, welche Schlagzeile wohl heute auf der Zeitung steht, was das Titelthema der neuen Wochenmagazinausgabe ist – formulieren Sie für sich diese Schlagzeilen konkret!

- Wenn jemand auf der Straße auf Sie zugeht und Sie offensichtlich gleich ansprechen, etwas fragen wird, halten Sie sich blitzschnell vor Augen, was das wohl sein wird. Nutzen Sie bei den kleinen Ratespielen den Umstand, dass Sie gewissermaßen gezwungen

sind, unmittelbar die Antwort vor Augen zu sehen, weil die Auflösung in der Realität ja schon Sekunden später erfolgt.

Sie werden sehen, dass gerade diese Übung einen sehr leichten,
spielerischen Charakter hat und dass Ihre Trefferquote sehr bald steigen wird. Das zeigt nichts anderes, als dass man seine inneren Wahrnehmungen gut trainieren kann. Wir wollen uns hier gar nicht an
den üblichen Diskussionen aufhalten, was Zufall ist und was nicht
oder was sich dabei schon die Kraft der Telepathie anmaßt. Der
Begriff des Hellsehens etwa resultiert ja nur aus unseren begrenzten Vorstellungen über Zeit und Raum, aber spätestens seit Einstein
wissen wir, dass wir dabei nur mit Hilfskonstruktionen arbeiten, die
den wahren Gegebenheiten nicht entsprechen. Es gibt ganz andere Zeitkurven als nur den Kreis oder die Zahlen auf unserer Uhr.
Wundern sie sich also nicht, wenn Sie plötzlich etwas „wissen", was
erst kurz danach passieren wird. Das ist kein Voodoo, keine Geister-
beschwörung, es ist nichts anderes als eine feinere Wahrnehmung.
Eine, die unser zäher Wissenschaftsbetrieb einst auch nachweisen
können wird. Aber darum müssen Sie sich nicht scheren, freuen
Sie sich lieber darüber, wie einfach es ist, über die alltäglichen Ratespiele seine inneren Antennen zu optimieren.

Übung:
Mehr Intuition über Innovationen –
und andersherum

Intuition und Innovation hängen sehr eng zusammen, das dürfte zumindest theoretisch jedem klar sein, der sich privat oder beruflich irgendwie innovativ betätigt. Das tut eigentlich jeder, wenn man es genau betrachtet: Leben ist permanente Innovation. Der Philosoph Karl Popper (1902–1994) nannte es in einem Buchtitel „Leben ist Problemlösen" und ging in seiner Philosophie des Kritischen Rationalismus davon aus, dass die Welt nicht das ist, was wir bei unserem jeweiligen Erkenntnisstand gerade von ihr denken. Sondern dass sie das ist, was sie real ist – und dass in Wahrheit das Problem bei uns Menschen sitzt. Weil unsere Erkenntnisfähigkeit von unseren begrenzten Wahrnehmungsfähigkeiten abhängt und damit viele unserer Meinungen und Überzeugungen mit der tatsächlichen Welt nicht übereinstimmen und deshalb laufend in einem offenen Dialog als immer wieder neu auftretende Probleme gelöst werden müssen.

Da befinden wir uns auf einer Linie mit dem stets rational argumentierenden Philosophen Popper: Nicht wir Menschen dürfen nach unserem jeweiligen (und immer unzulänglichen) Erkenntnisstand dozieren, so ist die Welt und nicht anders, sondern wir müssen versuchen, sie durch ständiges Problemlösen, durch permanentes innovatives, kreatives Denken Stück für Stück etwas besser zu begreifen.

Poppers Kritischer Rationalismus vertut keine Zeit damit, wie man irgendwelche naturwissenschaftlichen Theorien nachweisen kann, um einen Status quo zu zementieren. Vielmehr wollte Popper, dass man beweglich bleibt und Theorien immer wieder überprüft. Ein richtiger Weg, denn manches längst „Bewiesene" erwies sich als falsch oder nicht genügend substanziell. Man muss sich nur daran erinnern, dass Isaac Newtons (1642–1726) Gravitationstheorie über 200 Jahre lang immer wieder „bewiesen" und bestätigt wurde – bis Albert Einstein (1879–1955) sie mit seinen neuen Erkenntnissen obsolet machte.

Auf diesen Weg kommt man über die Verbindung von Intuition und Innovation: Intuition kann manchmal nützen, wenn ein Gedanke „einfach so" kommt. Mehr aber bringt sie, wenn sie im Zusammenhang mit einem zielgerichteten Denken steht. Wenn ich mir eine Aufgabe vornehme, ein Ziel habe, dann ist meine Öffnung zur Intuition auch von diesem zielgerichteten Denken durchflutet, und dies wird auch zu entsprechend themenbezogenen Botschaften führen. Ich habe sozusagen eine bestimmte Frequenz eingestellt. Das fängt schon bei ganz einfachen zielgerichteten Alltagsfragen an: Soll ich lieber dies oder eher jenes tun? Die Intuition gibt uns hier bei richtiger Fokussierung wertvolle Hinweise.

Ist Kreativität gefragt, sucht man nach neuen Ideen mit dem Ziel von Innovationen irgendwelcher Art, wird eine gezielte Kommunikation mit der Intuition noch wichtiger. Nur mit dem rationalen Abwägen gespeicherten Wissens kann man ohnehin keine wirklichen Innovationen schaffen. Man braucht dazu gute Kanäle zu den Bereichen Ideen, Inspirationen, guten Eingebungen, um festgefahrene und nur scheinbar gültige Pfade verlassen zu können – und sie alle laufen über die Schiene der Intuition. Wir haben auch bei Innovationen eine Zielvorgabe. Die Innovation selbst aber ist ja etwas Neues. Wir müssen uns also auf das große Ziel konzentrieren und dabei innerlich das zu lösende Problem als Frage stellen: „Wie kann man dies und jenes besser umsetzen/produzieren/ablaufen lassen?" Eine meditative Versenkung kann hier nicht schaden, um den Verstand zu beruhigen.

Weil nur das allgemeine Ziel bekannt ist, die Innovation aber noch nicht, muss man seinen ganzen Radius des Spürens öffnen. Es ist wie mit Muskeln und Sehnen: Sie bleiben in guter Form, wenn sie ständig bewegt werden, strecken, beugen, von A nach B, entsprechend ihrem kompletten Bewegungsradius. Im übertragenen Sinne heißt das für den mentalen Bereich: Wenn es um Anforderungen wie Innovationen und mutige Ideen geht, also um Problemlösungen, soll man sich innerlich den *ganzen* Radius von A nach B vornehmen und intensiv ansehen. Man kann dann erste Intuitionsflashs notieren, darf aber da nicht stehenbleiben. Denn nicht schon jede kleine Botschaft für eine Idee ist schon die gesuchte Innovation.

Wie gesagt, es geht bei dem anspruchsvoll klingenden Wort Innovation nicht immer um großartige neue Produkte oder Abläufe im Businessbereich, innovativ kann man auch bei Überlegungen für bessere Abläufe zu Hause sein. Gibt man sich hier vorschnell mit Kompromisslösungen zufrieden, wird der Radius des Lebens enger.

Innovation heißt Erneuerung. Um die immer wieder in möglichst großer Tiefe zu realisieren, können wir uns bei allen Problemen innerlich stets den Satz „Problemlösen heißt Erneuerung mit visionärer Intuition" sagen. Natürlich braucht Erneuerung auch Kraft und Willen, aber beide brauchen, um sich zu entfalten und dann in die richtige Richtung zu gehen, anregende Eingebungen für eine neue Zielformulierung. Erst diese gibt einem die Kraft und den Willen, um „in die Gänge" zu kommen.

Die Erneuerung, das Ziel, die Innovation im Leben, muss uns immer, bei kleinen wie großen Angelegenheiten, auf eine neue Ebene führen, sonst wäre sie sinnlos. Darum reicht für Innovationen oft nicht das Ziel als nächster Schritt aus. Oft muss man weiter blicken, und das weite Ziel ist die Vision. Auf diesem Weg können uns die Kanäle der Intuition sehr viel helfen.

Deshalb sollten wir uns das kleine Mantra „Problemlösen heißt Erneuerung mit visionärer Intuition" möglichst oft einprägen. Beim

Zähneputzen, im Fahrstuhl, egal wo. Automatisch wird dann nach und nach die Intuition mit uns sein, wenn ein Problem auftaucht oder sich anders geartete Anforderungen für Innovationen stellen.

Übung:
Die Atemtechnik, die Kanäle frei macht

Der Hypnosetherapeut Wolf Riedel entwickelte eine spezielle Atemtechnik (sie ist auch in dem Taschenbuch Riedel / Esser, „Wie Hypnose heilt", Knaur Verlag, beschrieben), mit der man innere Blockaden aufweichen und eine gute Harmonisierung erreichen kann – Voraussetzung für eine wahrnehmungsreiche Intuitionsarbeit; und nebenbei herrlich fürs persönliche Wohlgefühl.

Die Atemtechnik ist sehr einfach. Sie kombiniert im Prinzip Brust- und Bauchatmung, hebt also schon im Ansatz das ewige Entweder-oder auf. Die bloße Brustatmung ist sehr flach. Setzt man die Bauchatmung mit ein, merkt man schon an seiner voluminöser werdenden Stimme den tieferen Atemeffekt. Die Brustatmung steht auch für die Kopflastigkeit des Menschen. Riedel hatte bei einem neunmonatigem Aufenthalt in tibetischen Klöstern gelernt, dass es in der tiefen Meditation, in der es darum ging, selbst nichts mehr zu wollen und sich ganz zu öffnen, wichtig war, sich auf den Solarplexus zu konzentrieren, das sogenannte Sonnengeflecht. Dieser Nervenvitalpunkt unter dem Brustbein spielt auch im Karate eine große Rolle, er muss immer im ausbalancierten Mittelpunkt sein, von dem alle Bewegungen ausgehen. Die Überlegung der kombinierten Brust-Bauchatmung mit dem dazwischenliegenden Solarplexus war, den Sonnengeflechtnervenpunkt harmonisierend zu aktivieren, um so eine innere Konzentration fernab der ausschließlichen Kopfarbeit zu verbessern – ideal auch für bessere Zugänge zur Intuition.

Allgemein wird uns die Körpermitte um den Solarplexus eher durch unangenehme Erlebnisse bewusst. Es schlägt einem etwas auf den Magen, sagt man, und unter Stress laufen wilde Hormonausschüttungen über den „Nervenhauptbahnhof" Solarplexus ab, um unsere Disharmonien zu bewältigen. Drehen wir nun den Spieß einfach um und installieren hier den Nervenhauptbahnhof der Entspannung, der Harmonisierung. Jede Mutter macht das übrigens ganz automatisch, wenn sie dem schreienden Baby beruhigend das Bäuchlein massiert. Wir, die wir es nicht mehr gestreichelt bekommen, machen das nun mit der besonderen Atemübung.

Sie können sitzen oder liegen und atmen erst ein paar Mal tief ein und aus. Meist macht man das automatisch vor allem über die Brustatmung, vor allem, wenn man verspannt ist. Nun atmen Sie einige Male ausschließlich über den Bauch tief ein und aus. Nun haben Sie sich beide Atmungen vergegenwärtigt und atmen jetzt in einer wie eine weiche Welle fließenden Bewegung erst etwa ein Drittel der Luft in den Bauch, die beiden weiteren Drittel in die Brust ein – ganz ruhig, langsam, ganz ohne Hektik, rund und weich. Sie können dabei gerne erst den Bauch beim Einatmen etwas betonter nach vorne drücken und dann beim restlichen Einatmen betont den Brustkorb weiten.

Das ist alles. Die Übung ist wirklich leicht und wohltuend. Wichtig ist, dass Sie nicht mehr als etwa ein Drittel der Luft in den Bauch atmen, sonst haben Sie für die Weitung des Brustkorbs zu wenig Luft, was wieder zu Verkrampfungen führen würde. Sagen Sie sich innerlich beim Einatmen „ein-Drittel-Bauch----zwei-Drittel-Brust---und-tief--ausatmen", dies aber nicht zackig, sondern sanft: Denken Sie daran, dass die Atembewegung fließend weich bleibt, wie eine träge, weich ausrollende Welle an einem schönen Strand. Achten Sie beim Ausatmen darauf, auch die Restluft aus der Lunge zu lassen. Stellen Sie sich beim Einatmen dann die Formel vor „Ruuuuhe reeeeein" und beim Ausatmen „Unruuuuhe rauuuuus" und lassen alles harmonisch ineinanderfließen. Diese Atmung harmonisiert, vitalisiert und fordert Sie auch, darum können Sie nach vier oder fünf solcher speziellen Atemzüge einige Male ganz normal und flach atmen, um dann die Sequenz noch ein oder mehrere Male zu wiederholen.

Sehr bald hat sich die Wirkung dieser Atmung bei Ihnen einprogrammiert, und Sie haben damit ein neues Werkzeug gewonnen. Immer wenn Sie in Stress geraten, sollten sie sofort diese Atemübung praktizieren, und Sie werden sehen: Der Stress löst sich geradezu schlagartig auf. Und wenn Sie aktiv mit der Intuition in Kontakt treten wollen, können Sie das auch mit dieser Atemübung tun. Denn sie wird Sie im Nu von der störenden Kopflastigkeit befreien, und Ihr kräftiger, harmonischer Bauch-Brustatem wird die Luft in die Kanäle bringen, über die die Intuition kommt. Ein zusätzlicher Nutzen ist, dass diese Atmung dem Gehirn etwa ein Drittel mehr Sauerstoff zuführt und auch dort entkrampfend wirkt.

Man kann diese Atemtechnik nach Riedel noch stärker im Unterbewusstsein verankern, indem man sie während des Anhörens der Tiefentspannungen auf der CD praktiziert und sich dabei mehrere Male die Formel „Ruhe rein – Unruhe raus" gibt. In stressigen Situationen, in denen Sie partout keine Gelegenheit haben, nun in Ruhe die Atemtechnik zu üben, sagen Sie sich dann nur kurz innerlich „Ruhe rein – Unruhe raus", und es wird augenblicklich wirken. Es wirkt, weil man die Technik direkt im Unterbewusstsein verankert hat. Maßgeblich ist auch, dass man nicht *gegen* etwas kämpft, sondern etwas Gutes *für* sich tut. Dadurch aktivieren Sie Ihre Kräfte, statt zu verkrampfen, und ermöglichen die Öffnungen, die so wertvoll sind.

Übung:
Fantasie-Ritt auf unsichtbaren Wellen

Ein beliebtes Bildmotiv in Asien ist der Mönch, der achtsam und versunken am Ufer eines Flusses sitzt und meditiert. Das Bild hat Symbolkraft. Es soll ähnlich wie die tibetischen Sandmandalas, die wieder zerstört werden, kaum sind sie fertig, zeigen, dass nichts bleiben kann, wie es ist. Es geht dabei nicht um die Zerstörung von Altem, sondern um Wachstum, Entwicklung, um die Befreiung von zementierten Dingen und um den Umstand, dass alle Elemente nur dann zusammenspielen können, wenn sie immer in Bewegung und damit für Veränderung offen sind. Wahre Stabilität entsteht aus Bewegung und nicht aus verkrampftem Stillstand.

Der Fluss zeigt das auch in schöner Symbolik: Keine Sekunde lang verweilt ein Wassermolekül an einer Stelle, alles ist in permanentem Fließen. Diese Bewegung, dieses Fließen, das sich den Gegebenheiten anpasst – dem Gefälle, der Erde oder dem Stein, den der Fluss durchquert, dem Druck der nachschiebenden Wassermassen – macht den Fluss erst richtig stabil. Der Fluss bewegt sich zwar andauernd, ist aber erst dadurch als Gesamtes ein mächtiger Strom, der wie ein unverrückbarer Monolith die Landschaft bestimmt.

Machen Sie dasselbe mit einer mentalen Übung, in der Sie bildhaft sehen, was in permanenter Bewegung ist und dadurch stark und dauerhaft und mit seiner Umwelt gut verbunden. Dies ist eine Übung, bei der Sie Ihre innere Vorstellungskraft aktivieren. Sie können Sie sehr gut auf der Couch durchführen, wenn Sie entspannt sind oder sogar gezielt in eine tiefere Entspannung gehen, deren Einleitung Sie über die Meditationen der CD lernen können. Die Übung eignet sich auch bestens für lange Zugfahrten, für die Faulenzerstunde im sommerlichen Liegestuhl oder die Ruhepause nach dem Saunagang.

In Ihrer Entspannung gehen Sie nun mit geschlossenen Augen und mit bildhaften Vorstellungen in Vorgänge hinein, bei denen man sich das Fließen und die Vernetzung aller Dinge gut vorstellen kann. Stellen Sie sich zuerst vor, Sie seien eine Radiowelle, eine von Milliarden von Milliarden Radiowellen, die sich permanent um den Globus bewegen. Sie können fliegen, sich fröhlich und schnell bewegen, zusammen mit all den anderen Wellen, die neben ihnen fliegen und Musik durch die Luft tragen, die überall vorhanden ist, aber von den Menschen nur mit umständlichen Radiogeräten gehört werden kann. Stellen Sie sich nun vor, Sie färben für einen Moment all die Radiowellen der vielen Sender um Sie herum, dazu noch die Wellen des vielfältigen Funkverkehrs in verschiedenen Farben ein: Was für ein kunterbunter Himmel ist das, was für ein ineinander verwobenes, lustiges, tanzendes Leben herrscht dort, wo man sonst „eigentlich" nichts sehen kann.

Jetzt sehen Sie noch ganz andere Wellen, die Sie auch nach Belieben mal mehr, mal weniger einfärben: Von draußen aus dem All schießen jede Sekunde Billionen Neutrinos heran, die machen wir gelb, und von unten, von der Erde, strömen die blauen Wellen des Erdmagnetismus empor. Große Wellen von weiter Ferne mischen sich unter, es sind die Anziehungskräfte von Galaxien. Von unten strömt wellenartig rötliche Wärme von der Erde empor, während von oben, wo die Sonne scheint, die lebensspendenden hellen Lichtwellen unseres glühenden Zentralgestirns heranschießen, acht Minuten waren sie von der Sonne bis zur Erde unterwegs.

Schauen Sie bei Ihrem Radiowellenritt auch mal auf die Erdoberfläche und sehen die bunten energetischen Lichter, die jeder einzelne dieser Milliarden Menschen von sich gibt und die die Wissenschaft mittlerweile wenigstens in Form von elektrischer Strahlung messen konnte, denn immerhin weiß man ja nun, dass unser Herz eine ordentliche Portion Strom abgibt. Schauen Sie sich das Bild der unendlich vielen Energien und Wellen und Strahlen an, mit denen das ganze Sein lückenlos durchflutet ist, genießen Sie dieses bunte, changierende Bild, das eigentlich weniger eine Übung als eine kleine meditative Fantasiereise ist.

Und freuen Sie sich darüber, dass diese Übung Ihnen die Vorstellung leichter macht, dass Intuition ganz sicher beliebig viele Kanäle und Querverbindungen hat.

Übung:
Sport und Intuition

Bei Schnellsportarten und beim Mannschaftssport spielt Intuition eine große Rolle. Basketball, Handball, Fußball, Fechten, Boxen – geradezu blitzartig, ohne rationales Nachdenken muss·man wissen, was der Gegner tut, bevor er es tut. Sport eignet sich dazu, nochmals zu verdeutlichen, dass Intuition als esoterische Wellnessveranstaltung wenig bringt. Eine bessere Intuition geht immer einher mit intensivem eigenen Bemühen um ein Ziel. Intuition funktioniert logischerweise besser, wenn sie ein zielgerichtetes Thema hat und sie durch eigenes Tun unterstützt wird. Beim Sport ist das in besonderem Maße der Fall, durch Zielbewusstsein, hartes Training und vollen Wettkampfeinsatz. Bei hohem Einsatz gesellt sich in den entscheidenden Hundertstelsekunden eines Wettkampfs die Intuition automatisch dazu. Und der Torwart, der den schwierigen Elfmeter gehalten hat, sagt eben nach dem Spiel auf die Frage, warum er in die richtige Ecke hechtete, ganz cool, er habe es „halt irgendwie gewusst".

Wenn Sie engagiert Sport betreiben, wird ihnen die Intuitionsmethode sicher einige Verbesserungen bringen. Sie „wissen" dann ganz einfach besser, was zu tun ist – für Ihren Körper, im Training, im Wettkampf. Alle großen Sportler handeln intuitiv, gepaart mit Verantwortung, Begabung und eiserner Disziplin.

Wer Sport in der ganz anderen Ecke betreibt, also nicht als Mannschaftssport, eher allein, individuell, nicht im Wettkampf, sondern mehr zur Gesunderhaltung, dem ist der schöne Blitz der Intuition sicher genauso bekannt. Bei vielen 50-Meter-Bahnen im Schwimmbad, bei langen Waldspaziergängen oder Joggingtouren befreit sich der Geist meist von selbst von intellektuellen Zwängen, und unversehens kommen einem intuitiv gute Gedanken und Eingebungen.

Schreiber haben hier oft einige besonders wichtige Passagen oder Sätze für ihr aktuelles Buch gefunden, Rechtsanwälte „plötzlich" die Lösung für einen unangenehmen Fall, Blumenhändler die Idee, wie sie ihren Laden anziehender machen können. Denken Sie daran, immer Block und Stift oder ein Aufnahmegerät dabeizuhaben. Intuitive Eingebungen sind wie Sternschnuppen, sie sind nicht ausgefeilt formuliert, sondern kommen so kurz und schnell, dass unser Verstand oft Mühe hat, sie die restlichen zehn Lauf-Kilometer zu behalten. Hat man eine gute Inspiration vergessen, nur weil man den Block nicht eingesteckt hatte, ist das ärgerlich.

Übung:
Der innere „Defrag"

Das ist eine sehr einfache Übung. Ob zu Hause oder im Büro, fast jeder hat permanent mit einem Computer zu tun und muss darauf achten, dass die Maschine läuft. Irgendwann muckt sie, das Öffnen und Schließen von Programmen dauert ewig. Man weiß, was dann zu tun ist: erstens überflüssige Programme löschen und zweitens den sogenannten Defrag durchführen, die Defragmentierung, bei der die Festplatte sich selbst aufräumt und große Räume ohne Daten schafft, gleichzeitig alle Daten in einen Bereich der Festplatte ablegt. Danach geht der Zugriff auf Daten wieder flotter.

Stellen Sie sich vor, dass auch Sie in sich unendlich viele Daten und Programme gespeichert haben, und die meisten brauchen Sie nicht mehr, vor allem nicht die mit negativem Inhalt. Machen Sie sich also das Bild einer eigenen inneren Festplatte, auf der in einem großen Durcheinander mal hier, mal dort dieses oder jenes Erlebnis gespeichert wurde, bis ein ziemliches Chaos herrschte. Da wird es natürlich schwierig, fokussiert und stringent zu denken, zu fühlen, zu spüren – ja, auch dem Spüren tut eine gewisse Stringenz gut.

Behandeln Sie Ihre innere Festplatte gleichzeitig mit der Ihres Computers. Löschen Sie auf dem Computer unnötige Programme und unnötige Dateien. Konzentrieren Sie sich unmittelbar danach auf Ihre innere Festplatte und sagen Ihrem Unterbewusstsein, dass es alle unnötigen Programme und Dateien löschen soll, vor allem die, die Ihnen eher schaden. Stellen Sie sich diese innere Festplatte dabei bildlich vor.

Nun, nach dem Löschen einiger Dateien und Programme im Computer und auf Ihrer eigenen Festplatte schalten Sie den Computer auf „Defrag". Das dauert meist einige Zeit. Bleiben Sie vor dem Computer sitzen und schauen konzentriert auf das Defrag-Schaubild, bei dem sich Stück für Stück, meist über balkenartige Darstellungen, die Festplatte aus dem vorherigen Chaos befreit und sich in große Ecken mit freien Räumen und andere mit voll besetzten aufteilt. Während Sie dieses Schaubild Stück für Stück in eine bessere Ordnung zuckeln und ruckeln sehen, stellen sie sich vor, wie genau der gleiche Vorgang auf Ihrer inneren Festplatte passiert, dazu geben Sie wieder den entsprechenden Satz an Ihr Unterbewusstsein. Sie stellen sich wieder bildlich vor, wie die innere Festplatte denselben Defrag wie Ihr Computer macht, und alles ordnet sich auf ganz wunderbare Weise.

Denken Sie dabei gar nicht an konkrete Probleme und Themen, geben Sie Ihrer inneren Festplatte nur ganz einfach die Defrag-Aufgabe – sie wird ganz automatisch über eine Defragmentierung Stück für Stück eine befreiende Ordnung erfahren. Sie werden danach ein Gefühl der Entschlackung wahrnehmen und das Gefühl genießen, durch die bessere innere Ordnung wieder mehr Offenheit zu spüren.

Übung:
Ein Wärme-Wall gegen Aggressoren

Jeder kennt diese Menschen: den Mobber im Büro oder den „Energy-Sucker", den Energieräuber im Berufs- und Privatleben, der sich selbst nur aufbauen kann, indem er andere aussaugt, oder den Despoten als Chef oder Lebenspartner. Alles Menschen, die uns zu schaffen machen, weil sie wie ein aggressiver Panzer wirken, der unsere Energien raubt – wie soll einem da die zarte Pflanze Intuition helfen?

Sie kann ihnen nicht helfen, jedenfalls nicht, wenn Sie sich in diesen Fällen auf die Methode des Anderen einlassen. Energieräuber, Mobber oder Despoten sind von mangelnder Selbstliebe gezeichnet und schleudern deshalb aggressive Kälte um sich. Sie müssen zuerst diesen Vorgang abbiegen. Hören sie ganz in Ruhe sehr genau hin, was von diesen Menschen auf Sie zukommt, schauen Sie es sich furchtlos an, es kann Ihnen nichts passieren, wenn Sie im Sinne der Intuitionsmethode schon intensiver gearbeitet haben. Lassen Sie sich nicht involvieren, schauen Sie es sich nur neutral an, auch wenn es ein bisschen wehtut.

Und stellen Sie sich jetzt das, was an Gemeinheiten, Anwürfen, Aggressionen und Dummheiten auf Sie zukommt und Ihnen oft wehtut, vor wie spitze Pfeile aus kältestem Eis, geschossen von einem Menschen mit kaltem Herz – diese bildliche Vorstellung dürfte nicht schwerfallen. Nun bauen Sie um sich einen Wall von großer Wärme, von liebender Wärme, einer Liebe, die Sie in unendlichem Maße in sich haben und von der Sie darum auch geben können, ohne etwas zu verlieren. Der Wall der liebenden Wärme schützt Sie, zentriert Sie. Sie sehen diese bösen, vereisten Pfeile auf sich zufliegen, wie sie eintauchen in den schützenden, glühenden Wärmewall und augenblicklich zu Wassertropfen schmelzen, ein Pfeil nach dem anderen. Sie wissen nun, so ein Pfeil kann nur wehtun, wo keine Wärme und Selbstliebe ist. Und Sie wissen auch, dass Sie nie einen Anderen vernichten müssen, um sich zu schützen, denn das würde Ihrer Offenheit und Ihrer Intuitionsfähigkeit schaden. Sie müssen Aggressoren nur über Ihren Wärmewall friedlich entwaffnen, und alle energetische Kraft liegt auf Ihrer Seite.

Kleine „Couch-Übungen"

Neben den „äußeren Übungen", also den Wahrnehmungsübungen im vollen Wachzustand, die man meist ohne zusätzlichen Zeitaufwand im Alltag machen kann, finden Sie auf der beiliegenden Audio-CD die „Inneren Übungen", das sind vier meditative Tiefenentspannungen. Sie optimieren vor allem unsere Kommunikation mit unserem Unterbewusstsein, dem Hauptportal für intuitive Kräfte aus vielen Richtungen. Zusätzlich zur CD haben Sie hier fünf kleine innere Übungen: „Couch-Übungen", meditative Übungen in entspannter Situation (bei denen man also *keinerlei* andere aktive Tätigkeiten ausübt!). Sie können sie in sitzender Versenkung machen oder noch besser im Liegen auf der Couch.

Sie schließen die Augen, haben die Arme entspannt an der Seite Ihres Körpers liegen (oder die Ellbogen ruhen, im Sitzen nach vorne gebeugt, bequem auf den Oberschenkeln). Sie geben sich ähnlich wie bei den Tiefenentspannungseinleitungen auf den vier Meditationen der CD über ihre *innere Vorstellung* Formeln der Entspannung – niemals über den intellektuellen Willen! Wer über Willenskraft meditativ-entspannt sein *will*, wird dies nicht schaffen. Man sollte sich die wohltuende Entspannung einfach bildhaft vorstellen, den Rest besorgt dann unser Unterbewusstsein. Wenn zu viele verstandesmäßige Gedanken „hineinfunken", stellen Sie sich diese einfach als Wolke vor, die über Ihnen heranzieht, und sagen Sie sich: Das macht gar nichts, sie kann heranziehen und darf auch gleich weiterziehen, und tschüs, Wolke... Nun stellen Sie sich vor, wie Sie wohlig entspannt sind, alle Muskeln locker und die Arme und Beine schwer und warm werden, das Herz ruhig und kräftig schlägt, der Atem ruhig und ganz von selbst geht und der Bauchraum angenehm warm wird. Nach einiger Übung kann man das auch schneller erreichen, wenn man mal nur wenig Zeit zur Verfügung hat – Tiefenentspannungen sind auch in fünf Minuten problemlos möglich.

In der Entspannung, die Sie nun erreicht haben, können Sie eine der folgenden fünf Übungen machen. Am Ende sagen Sie sich: Mir geht es gut in meiner Entspannung. Ich werde jetzt, wenn ich tief durchatme, entspannt und frisch in den Alltag zurückkehren, jetzt atme ich tief durch, jetzt...

Couch-Übung 1: Sie wollen eine Frage intuitiv klären. Sie stellen sich eine Kreuzung vor, an der Sie stehen, eine Kreuzung, die Ihnen sympathisch ist. Beim einen kann das eine große Autokreuzung sein, der andere sieht sich auf einer großen Wiese auf einer Kreuzung von mehreren kleinen Wanderwegen. Schauen Sie sich Ihre Frage an und stellen sich dabei zuerst ganz klar Ihr Ziel vor Augen. Nun fragen Sie sich intensiv: Wie viele Wege gibt es? Das Bild wird sich klären und Sie werden jetzt genauer sehen, ob es auf Ihrer Kreuzung drei oder fünf abzweigende Wege gibt, lassen Sie dieses Bild ganz von selbst kommen. Nun schauen Sie sich jeden Weg an und fragen ihn, ob er zu Ihrem Ziel führt und wenn ja, *wie*, auf welche Weise. Wenn Sie zwischendrin spüren sollten, dass Ihnen doch mal wieder der logische Verstand „reinbeamen" will, lassen Sie seine Gedanken als Wolke weiterziehen, sie haben keine Macht über Sie. Fragen Sie in Ruhe alle Abzweigungen, denn mehrere können zum Ziel führen. Dann bitte vor allem das *Wie* anschauen und aufmerksam die Bilder beachten, die dabei hochkommen. So werden Sie den richtigen Weg finden.

Couch-Übung 2: Wenn Sie nach der Entspannungseinleitung ein gutes Gefühl der Wärme in sich spüren, stellen Sie sich Ihre Lebensenergie als warm brennenden, inneren Ofen vor. Machen Sie sich einen schönen Ofen nach Ihrem Bild, einen Kachelofen, einen alten Kanonenofen, einen offenen Kamin... wie Sie es für sich selbst angenehm und passend finden. Schauen Sie sich das beruhigende gelblich-rote Glühen an und sehen Sie, wie automatisch immer Brennstoff nachrutscht. Wenn Sie nun Ihr inneres Bild von Ihrem Lebenskraftwerk genauer anschauen, fällt Ihnen vielleicht auf, dass hier und dort im Ofen ein paar dicke, unnötige Schlacken herumliegen, und Sie wissen, dass das Feuer noch kräftiger und harmonischer glühen würde, wären die Schlacken weg. Sie können sich überlegen, ob Sie sie erst noch genauer anschauen oder nicht. Wenn Sie sich fürs Anschauen entscheiden, fragen Sie sich, wofür sie stehen, für welches Erlebnis, welchen Vorgang, welches Problem – Sie müssen aber nicht. In jedem Fall nehmen Sie dann eine große, breite Schaufel und räumen die Schlacke aus dem Ofen, werfen sie nach draußen. Dann genießen Sie den Blick auf Ihr inneres Feuer, das nun noch viel schöner und freier brennt.

Couch-Übung 3: Eine kleine Übung für die ewigen Zweifler … Sie stellen sich, bereits gut entspannt, vor, wie Sie auf einer kleinen Landstraße spazieren gehen. Angenehm rhythmisch geht es voran, die Luft ist gut, das Wetter schön und Ihr Verstand wälzt mal wieder die Frage mit sich herum, warum es eigentlich nicht sinnvoll sein soll, die Intuition direkt zu trainieren. Der Verstand sei doch auch trainierbar, dann solle das die Intuition auch gefälligst mit sich machen lassen. Und während dieser zweiflerischen Gedanken, die Ihnen immer noch so häufig kommen, dass Sie fast nicht mehr den Duft der Wiese um sich und den warmen Sonnenschein wahrnehmen, rollt ihnen auf der Landstraße ein schöner, roter Oldtimer entgegen und bleibt schließlich vor Ihnen stehen. Sie sehen zu Ihrer Verwunderung, dass niemand am Steuer sitzt, und sind noch erstaunter, als der Wagen zu Ihnen spricht. Du bist doch ein Autofan, sagt er, ich soll dir für eine Spritztour zur Verfügung stehen. Ja, prima, sagen Sie, steigen ein und fahren los, ziehen flott durch Kurven, lassen den Motor schön rund laufen, immer im optimalen Drehzahlbereich, das können Sie gut. Du fährst toll Auto, sagt der Wagen, wenn man so mit mir umgeht, dann kann ich das, was in mir steckt, so richtig gut entfalten. Bei anderen, die nicht so geübt sind, kommt das gar nicht zum Vorschein. Na klar, sagen Sie zu dem Wagen, so soll das doch sein, was nützt ein gutes Auto mit toller Straßenlage und einem dynamischen Motor, wenn der Fahrer es einfach nicht kann und kein Gefühl dafür hat, was aus so einem Wagen alles rauszuholen ist. Da kann der Wagen noch so viel bieten, wenn man selbst völlig ungeübt ist, bringt es nichts... übrigens, wieso kannst du eigentlich reden? Weich legt sich das Auto, perfekt von Ihnen gesteuert, in die nächste Kurve, gleitet an einem Waldrand entlang und sagt: Deine Intuition hat mich geschickt, sie wollte dir was zeigen. Was denn, fragen Sie. Na, ganz einfach, sagt das rote Auto: Sie wollte dir zeigen, wie du ganz von selber drauf kommst, dass es immer auf den Fahrer ankommt und nicht auf das Auto. Dass es mit der Intuition und dir genau gleich ist wie mit einem Auto und dir. Dass es nämlich nicht darauf ankommt, an der Intuition herumbasteln zu wollen, sondern darauf, dass du lernst, noch besser mit ihr umzugehen, dann kannst du deine Ziele optimal ansteuern. Und wie das rote Auto das sagt, löst sich die Situation unversehens auf, und schon gehen Sie wieder zu Fuß auf der Straße. Hinten zieht eine rötliche Wolke davon, aus der es leise tönt: Und wenn du deine Intuition jetzt mehr nutzen willst, dann denk einfach an mich, an ein schönes rotes Auto, das hilft dir...

Couch-Übung 4: In Ihrer tiefen Entspannung stellen Sie sich einen Raum vor mit einer großen, alten Schultafel an der Wand. Sie überlegen, welche Wünsche Ihnen derzeit sehr *am Herzen* liegen. Wünsche, die nicht egoistisch sind, Wünsche, für deren Erfüllung Sie auch bereit sind, selbst alles Machbare in Ihrem Alltag zu tun. Wünsche, die einen Sinn für Ihr weiteres Leben ergeben. Diese Wünsche schreiben Sie nun groß mit Kreide an die Tafel. Dann schreiben Sie in noch größeren Lettern darunter: Intuition und Eigeninitiative! Sie nehmen nun etwas Abstand, schauen die Tafel mit dem Spruch darunter intensiv als Ganzes an und versenden dieses Ganze dann, schicken es hinaus, hinauf, ganz wie es Ihrer Vorstellung am besten entspricht.

Couch-Übung 5: In Ihrer Tiefenentspannung wollen Sie nun einer Person näherkommen, die Ihnen wichtig ist, zu der es aber momentan sozusagen „Zugangsprobleme", eine gestörte Kommunikation gibt. Das kann Ihr Kind sein, die Mutter, der Lebenspartner, ein guter Freund, der Chef... Sie machen sich nun das Bild, Sie sind – wie bei der vierten Meditation auf der CD (Track V) – wieder am tropischen Strand und blicken weit hinaus aufs Meer, auf die „singende Insel" mit ihren intuitiven Botschaften, von denen Ihnen der einheimische Junge erzählt hat.

Ganz in Ruhe blicken Sie auf die Insel und denken nun an die betreffende Person, die weit weg ist, zu Hause, die Sie aber sehr bald wiedersehen werden. Sie schauen auf die singende Insel und stellen sich vor, wie Sie geradewegs durch die Insel durchsehen und dabei die Kräfte des Schutzes, der Wärme und der Intuition, die auf der singenden Insel wohnen, aufnehmen. Und die Energie Ihres Schauens geht nun immer weiter, geradewegs bis zu der Person, auf die Sie fokussieren. Sie schauen sich die Person an, ohne mit ihr zu reden, die Person sieht sie nicht. In Ruhe und Liebe schauen Sie die Person an und fühlen mit den Kräften der geheimnisvollen Insel in die Person hinein, ganz vorsichtig, und fragen sie und sich gleichzeitig, was euer gemeinsames Problem ist und wie es gemeinsam zu lösen wäre. Sie fragen ganz ohne eigene Anstrengung, ihr Verstand hat ja derzeit Pause. Sie stellen nur die Frage und stellen sich dabei vor, dass Sie ihre Frage von Herzen stellen. Sie spüren das Band zwischen Ihnen am tropischen Strand durch die singende Insel hindurch bis zu der Person, spüren es schwingen... und werden eine Antwort bekommen, die kurz und auch nur bildhaft sein kann. Bleiben Sie in Ihrer Meditation achtsam, um die Antwort nicht zu verpassen.

Spezielle Übungen
nach dem Trinako-Prinzip

Hier geht es nicht um eine kleine Einzelübung. Das Trinako-Prinzip ist wie ein eigenes Übungssystem und erfordert mehr Zeit als die bisherigen Übungen. Es besteht aus drei therapeutischen Methoden, deren jeweilige Essenz sinnvoll mit der Fokussierung auf eine optimale Intuition verbunden wurde. Trinako kann nicht wie die bisherigen Übungen nebenbei praktiziert werden. Es klärt aber andererseits enorm viel in uns und macht uns wesentlich freier für das Spüren der Intuition.

Intuition läuft über Kommunikation. Ohne kommunikative Wege könnte die Intuition ihrer Aufgabe nicht gerecht werden: Nämlich Informationen, Zustände, Wissen über Gewesenes und Kommendes und über die geeignete Umsetzung all dessen für uns als Individuum auf schnellstem Weg zusammenzustellen und uns zu übermitteln. Was Kommunikation ist, glauben wir zu wissen, aber was da über welche Wege bei der Intuition abläuft, können wir nicht exakt erklärend nachvollziehen, sondern einfach nur annehmen.

Wir Menschen stecken ja im Teenageralter unserer menschlichen Entwicklung und müssen jedes noch so kleine Mosaiksteinchen sammeln, um der Urkraft Intuition näherzukommen. Man muss sich dabei wirklich vor Augen halten, auf welcher Stufe wir in Wahrheit stehen: Eine Menschheit, die noch so dumm ist, dass sie ihren Heimatplaneten aus sinnloser Gier ausbeutet und dabei Menschen, Tiere und die gesamte Natur in einem Maße gefährdet, dass sie in wenigen Jahrzehnten drei oder vier Planeten Erde bräuchte, um genug Rohstoffe und Energie zu haben.

Und selbst angesichts dieses Szenarios schaffen wir es nicht, die einfachste Lösung zu wählen: nämlich die Hebel sofort so radikal umzulegen, dass wir unsere Erde zum üppigen und friedlichen

Blühen bringen. Vielmehr verlieren wir uns lieber in der Fantasie, bessere Raketenantriebe zu entwickeln, um vielleicht einst mit der gesamten Menschheit auf den Mars auszuwandern. Da hofft man dann doch, dass eine intensivere Vernetzung unserer Verstandesintelligenz mit einer großen, intuitiven Intelligenz vielleicht für den notwendigen Entwicklungsschub sorgen könnte.

Optimale Kommunikationsschienen zur Intuition sind angesichts des Entwicklungsstandes der Menschheit also nicht nur wichtig, um als Einzelperson der Intuition näherzukommen. Sie können uns auch auf einen im Wortsinn verbindlicheren Weg bringen. Denn eine gute Kommunikation hat immer das Ziel, zu einem gegenseitigen Verstehen und einem gemeinsamen Handeln mit besten Ergebnissen für alle zu kommen. Nur auf diesem Weg können große Aufgaben nachhaltig bewältigt werden.

Auch große Aufgaben beginnen im kleinen Bereich, nämlich im persönlichen Umfeld. Es ist logisch, dass man in diesen Bereichen problemloser, erfolgreicher und freudiger leben kann, wenn man viele Situationen oder Entscheidungen mit Hilfe von mehr Intuition schneller erfasst. Und andersherum übt man seine Fähigkeiten für gute Zugänge zur Intuition sehr gut, wenn man sich mehr mit der Kommunikation zu all den Menschen im persönlichen Umfeld beschäftigt.

Wir haben gesehen, dass man die Urkraft Intuition wie ein freundliches, mächtiges Wesen betrachten kann, an dessen Fähigkeiten wir über unsere eigene „Intuitionsprogrammierung" andocken können. Es geht also darum, eine gute Kommunikation mit der Intuition aufzubauen, sie die eigene Existenz, das eigene Wollen mitsamt einer Bereitschaft zur Selbstverantwortlichkeit spüren zu lassen, um dann möglichst viele gute Rückkopplungen zu erhalten.

Die Tiefenentspannungsübungen bringen hier schon sehr viel. Verstärkt werden unsere Fähigkeiten auch, wenn wir versuchen, überflüssige innere und äußere Blockaden aufzulösen. Sich mit der Kommunikation zu anderen Menschen zu beschäftigen, heißt ja auch, gute Zugänge zu finden und ein Netzwerk aufzubauen. Wer mit Menschen nicht kommunizieren kann, ist abgeschnitten von ihnen. Denn ebenso wie die Intuition grundsätzlich jedem Menschen zur Verfügung steht, hat jeder Mensch die Fähigkeit, sich mitzuteilen, zu senden und zu empfangen – zu kommunizieren. Falsche Normen, üble Kindheitserlebnisse bis hin zu traumatischen Erfahrungen und vor allem mangelnde Liebe und Zuwendung führen dazu, dass Menschen ihre Fähigkeiten mehr und mehr verlieren, voller Selbstvertrauen intuitiv zu spüren und mit anderen Menschen offen und wohlwollend zu kommunizieren.

Tatsächlich, es gehört Selbstliebe, Selbstwert und das damit verbundene Urvertrauen dazu, will man mit Menschen gut kommunizieren und eine Urkraft wie die Intuition ohne Ängste und Vorbehalte nutzen. Um Blockaden zu beseitigen und einen kommunikativeren, liebevollen Zugang zu sich selbst, zu anderen Menschen und zur Intuition zu finden, gibt es in der reichhaltigen Palette an Systemen und Therapien drei besonders einfache und nützliche Systeme. Um mehr aus seiner Intuition zu machen, muss man sie keineswegs in aller Ausführlichkeit lernen oder vollkommen beherrschen – das kann man immer noch, wenn einen das eine oder andere besonders interessiert. Für ein Intensivieren unserer Intuitionszugänge genügt es, die drei Techniken in ihren Grundzügen zu begreifen.

Diese drei Techniken können Sie als Blockadenbeseitiger oder als eine Art Tuning-Kit für eine Verbesserung Ihrer Intuitionskanäle betrachten:

- Blockaden-Auflösung über den gezielten *Abbau leichter Traumen*

- effektiverer menschlicher Umgang über die *Gewaltfreie Kommunikation*
- erlösende Innenschau über die *Naikan*-Methode

*Tr*auma-Abbau mit *In*tuition, *Na*ikan, Gewaltfreier *Ko*mmunikation: Zusammen haben wir drei Hilfstechniken für mehr Lebensqualität und Intuition und nennen dieses Programm nach den jeweiligen zwei Anfangsbuchstaben der vier Begriffe das *Trinako-Prinzip*: Trinako erleichtert uns das Spüren und hilft ganz nebenbei, mit uns selbst und den Menschen um uns freier und freundlicher und effektiver umzugehen.

Wir gehen hier nur auf Aspekte in Bezug auf die Intuition ein, die Methoden dienen sonst anderen Aufgaben. Wir wollen unsere intuitiven Fähigkeiten verbessern und finden bei diesen drei Methoden erstaunlich nützliche Ansatzpunkte, die vor allem als Trinako-Kombination einer besseren Intuitionsfähigkeit hilfreich sind.

Das sind die drei Elemente des Trinako-Prinzips:

Das erste Element ist der Abbau von Traumen: Das Wort Trauma hat eine unglaublich große Bandbreite. Man sagt recht leichtfertig: „Das war ein echtes Trauma", wenn man an der Kinokasse für den neuen Blockbuster doch tatsächlich 20 Minuten anstehen musste. Ein Trauma ist es aber auch, wenn man Geisel von Terroristen wird. Ein kleines Trauma ist es auch bereits, wenn man auf Glatteis stürzt und sich blaue Flecken holt oder wenn der Chef einen vor versammelter Mannschaft herunterputzt. Wir reden hier, dies sei betont, nicht von schweren Traumen, deren Behandlung unbedingt in die Hände von Fachtherapeuten gehört. Aber auch kleine Alltagstraumen – man wird von jemandem, den man mag, vor den Kopf gestoßen, man hat einen kleinen Auffahrunfall oder verpatzt kurz vor dem Mittelmeerurlaub seine Segelscheinprüfung – blockieren uns, auch wenn sie nicht lebensentscheidende Bedeutung haben. Vor allem summieren sie sich im Laufe des Lebens, und so, wie eine vermüllte Computer-Festplatte langsamer wird und deshalb von unnötigen Daten befreit werden muss, sollten wir die Schlacken der vielen kleinen Traumen in uns entfernen. Denn die Folgen vieler kleiner Traumen in uns sind: Der verunsicherte Geist verliert an Zielorientiertheit, die Psyche an Kraft, Ziele umzusetzen, und im Körper schlagen sich Krankheitssymptome nieder.

In den Büchern des Traumatherapeuten Peter A. Levine findet sich auch das Prinzip der Ganzheit wieder: Er hält es für geboten, Traumen integrativ zu betrachten, denn sie sitzen nicht nur im Geist oder der Seele, sondern auch im Körper. Das heißt, hat man viele kleine Traumen erlebt, wird sich das in körperlichen Symptomen niederschlagen, wie etwa in Gelenkproblemen oder einem ewig nervösen Magen.

Im Unterbewusstsein kann man sich die Problematik so vorstellen: Jedes Trauma schafft eine kleine Verletzung in der Vernetzung. Das Unterbewusstsein ist ein komplexes Geflecht, in dem Erfahrungen ebenso wie im Gehirn gespeichert werden – nur auf andere Weise. Das Gehirn benutzt Erfahrungen für klare Erinnerungen und logische Verknüpfungen. Das Unterbewusstsein ist ein im allerbesten Sinne naives Wesen in uns, das nur eines im Sinn hat: dass es uns gutgeht, dass wir keine schlechten Erfahrungen machen; und wenn wir welche gemacht haben, sorgt das Unterbewusstsein dafür, dass wir in diese Situation nicht mehr geraten.

Das kann gerade nach traumatischen Erfahrungen auch gehörig danebengehen, so gut es unser Unterbewusstsein auch meint. Wenn zum Beispiel ein junger Mann an die falsche Frau geraten ist und diese ihn nach dem Sex als Versager verlacht, dann wird der junge Mann, der ja in der Liebe auf keine anderen Erfahrungen zurückgreifen kann, wie ein geprügelter Hund von dannen ziehen. Nun registriert sein Unterbewusstsein nicht nur das Erlebnis mit der Frau, sondern auch, dass es ihm überhaupt nicht gutgetan hat. Das Unterbewusstsein will ihn nun aus der Schusslinie nehmen und wird dafür sorgen, dass das nächste Mal, wenn sich so eine Situation auch nur anbahnt, sie sofort wieder abgebogen wird. Der junge Mann wird also, wenn wieder mal etwas mit einer Frau gehen könnte, plötzlich Herzattacken oder Durchfall bekommen und nach Hause müssen. Hauptsache, sagt das Unterbewusstsein, ich habe ihn aus der Gefahrenzone Frau und Intimität gerettet...

So können viele kleine traumatische Erfahrungen viele kleine Verletzungen in uns verursachen und uns danach in Situationen immer mehr verkrampfen, oft sogar total blockieren. Das kann schließlich im Unterbewusstsein so viel Unrat anrichten, dass dort nichts mehr richtig funktioniert. Wenn man nun daran denkt, dass die Intuition bei uns vor allem über das Portal Unterbewusstsein läuft, kann man sich denken, dass dann auch mit Intuition nichts mehr geht.

Man kann sich das Unterbewusstsein mit seinen vielen Vernetzungen auch wie ein Fischernetz vorstellen. Das Trauma wirkt dann hier wie ein scharfes Messer, das einen bösen Schnitt ins Netz macht. Je größer die Traumatisierung, desto größer der Riss im Netz. Je mehr Traumen, desto mehr Risse. Nun stellen Sie sich bildlich den Fischer vor, der mit einem Netz voller Risse auf Fischfang geht – er wird schließlich nichts mehr fangen und über seine Erfolglosigkeit entmutigt werden, weil einfach nichts mehr klappt in seinem Leben. Vielleicht wird er depressiv, vielleicht aggressiv, je nach Naturell, irgendwann wird ihm sein Alltagsleben völlig entgleiten.

So ähnlich wirken viele kleine Traumen in uns, und darum müssen wir das Netz flicken. Damit unser Unterbewusstsein wieder so vollständig ist, dass es in Harmonie mit uns, für uns arbeiten kann.

Manchen, vor allem Männern, gefällt das Bild von Rissen im Netz nicht so gut, es klingt so nach Beschädigung für sie. Dann reden wir eben von Blockaden im Unterbewusstsein. Als Mann kann man sich gut vorstellen, wie man sich ärgert, wenn man durch ein Gebirgstal fährt, und plötzlich kommt eine Straßensperre mit Umleitungsschild. Ein Geröllabgang, erfährt man, man müsse einen Umweg machen. Der kostet nun die doppelte Fahrzeit – nur weil einem Steine im Weg lagen ...

Wenn man viele Steine im Weg hat und dauernd Umwege machen muss in seiner inneren, mentalen Struktur, kann das auf Dauer nicht gut sein. So ist man auf jeden Fall nicht auf der Ideallinie des Lebens unterwegs. Da ist es vielleicht doch besser, die Steine aus dem Weg zu räumen.

Es ist gar nicht schwer, kleine Blockaden, entstanden aus traumatischen Erfahrungen, aus dem Weg zu räumen. Man muss deshalb nicht gleich endlos lange Therapien machen, besser ist es ohnehin, solange nicht wirklich massive Traumen passiert sind, in Eigenaktivität vorzugehen. Alles, was man selbst tut, ist gut wirksam. Es ist möglich, durch kleinere Traumen erzeugte Blockaden in Eigenarbeit aufzulösen. Wir sollten hier unbedingt unseren Selbstheilungskräften vertrauen und auf verschiedene Weise aktivieren. Viele Methoden unterstützen hierbei, das geht vom Yoga über Qi Gong bis zum Joggen, zum Singen im Chor oder auch zur stabilisierenden harmonischen Partnerbeziehung. Alles, was Sinngebung, Wahrnehmung und Wohlsein fördert, ist gut. Und übrigens auch alles, was Sie im Wortsinne in Bewegung versetzt. Gut ist es, wenn verschiedene Tätigkeiten zusammenkommen, die Körper, Seele und Geist positiv aktivieren, wenn man etwa meditiert, gerne joggen geht und am Wochenende eine schöne Bergwanderung oder auch einen Malkurs macht. Das klingt nach Binsenweisheiten, es wirkt aber.

Eine der besten Methoden, die inneren Schlaglöcher und Steine im Weg zu beseitigen, ist tatsächlich die Tiefenentspannung – in welcher Form auch immer. Autogenes Training ist die einfachste

Methode, aber es können auch indische Meditationen sein, solange Sie sich nicht von einem Guru abhängig machen, denn dann würde ein neues Trauma drohen ... Die Meditationen auf der beiliegenden CD sind zwar auf eine Verstärkung der Intuition fokussiert, führen aber dabei generell in die Tiefenentspannung, die alleine schon viel auflöst, sie sind also ebenso geeignet. Wenn Sie so manche nickelige kleine Traumen aufgelöst haben, ist Ihr Unterbewusstsein wieder durchgängiger für die Kommunikation zwischen Ihnen und Ihren Andockstellen zur großen Urkraft Intuition.

Das zweite Element des Trinako-Prinzips ist der Naikan: Naikan ist leider recht unbekannt in Deutschland. Vielleicht auch zum Glück, denn so konnte Naikan noch nicht von der Wellness-Welle plattgewalzt werden. Beim Naikan geht es um eine andere Form von Blockadenauflösung: Nämlich darum, seine Beziehungen zu den Menschen, die einem im Leben persönlich wichtig sind, meditativ zu betrachten, um herauszufinden, ob wirklich alles so blockierend und negativ war, wie man das allzu oft vor Augen hat. Man kann den Naikan sehr intensiv betreiben und eine Woche lang in einem Retreat täglich acht Stunden oder länger still meditieren, etwa beim größten Naikan-Meister Deutschlands, Gerald Steinke in Bremen – Sie können sicher sein, dass Sie nach einer solchen Woche Ihr Leben anders betrachten. Aber auch Steinke meint, dass jede Form einer Naikan-light-Version nützlich ist. Und die kann jeder problemlos zu Hause machen.

Es gibt dabei keine komplizierten Anweisungen, und man braucht keine Führung. Nur eine ruhige, ungestörte Atmosphäre. Was man dann tut? Man setzt sich meditativ hin, wer es besonders schön machen will, im Lotossitz, das muss aber keineswegs sein. Dann tut man nichts anderes, als in Stille über drei Fragen zu sinnieren, zu meditieren – das ist alles. Es werden Antworten kommen, die befreiend sind, die einem zeigen, dass das eigene Leben bislang viel, viel besser war, als man es eigentlich gedacht hatte – so geht es fast allen Naikan-Praktizierenden, weil wir unser Leben, unsere Kommunikation mit anderen Menschen in all den Jahren viel zu negativ bewertet haben.

Es ist wirklich nicht kompliziert, und es wirkt so gut, weil ein kleines Geheimnis, ein kleiner „Trick" dabei ist, auf den wir gleich zu sprechen kommen.

Naikan, das sind nur drei einfache Fragen, die man sich stellt, und dann wartet man in seiner meditativen Stimmung einfach in Ruhe ab, was für Antworten, welche Bilder, welche Erlebnisse auftauchen. Das mag erstaunen, weil wir es ja gewohnt sind, in mächtigen Problemen und Schwierigkeiten zu denken und beim Lösen dieser Schwierigkeiten wieder einen ungeheuren Apparat an Maßnahmen anzuwerfen. Aber der Naikan ist fern davon, an Ihrer Persönlichkeit herumzuschrauben und Sie zu therapieren – Sie machen ja schließlich alles allein in Ihrer privaten Versenkung. Es gibt beim Naikan nur Sie und Ihr Leben, nicht mehr – und nicht weniger.

Niemand pfuscht hinein, Sie machen nichts anderes, als Ihr Leben mit den drei Fragen zu beleuchten und in der entspannten inneren Versenkung die Bilder, die Szenen wahrzunehmen, die dann auftauchen. Das Bestechende an Naikan ist, dass er sagt: Ich kann das Außen nicht ändern, und ich kann auch die Vergangenheit nicht ändern, sie war, wie sie war. Aber ich kann eines: beim Betrachten der Vergangenheit und Gegenwart die Sicht auf das ändern, was war und was ist!

Die drei Fragen, mit denen man auf diese Weise meditierend Vergangenheit und Gegenwart betrachtet, sind ganz einfach. Man fokussiert auf eine bestimmte Person, die einem viel bedeutet. Wenn es keinen aktuellen Druck gibt, geht man am besten chronologisch vor und beginnt bei seiner Kindheit, beleuchtet zuerst sein Verhältnis zu Vater oder Mutter.

Dieses Beleuchten geschieht mit den drei ganz einfachen Fragen:

- Was hat diese Person für mich getan?
- Was habe ich für diese Person getan?
- Welche Schwierigkeiten habe ich dieser Person verursacht?

Das klingt sehr banal, sehr einfach – und ist es zum Glück auch. Die drei Fragen sind einfach, aber klar strukturiert. Ebenso sollten Sie beim inneren Betrachten ein bisschen strukturieren, etwa beim Betrachten Ihrer Kindheit in Fünf-Jahres-Schritten vorgehen und dann immer wieder in Ruhe die Bilder anschauen, die hochkommen. Sie werden staunen, welche unerwarteten Bilder hochkommen. Sie nehmen sich dabei so viel Zeit, wie sie wollen, egal, ob eine halbe Stunde oder drei.

Nun werden Sie sich fragen: Wieso sollte ich mit diesen drei Fragen arbeiten, ich kann doch auch so in einer intensiven Erinnerung meine Vergangenheit beleuchten. Das kann man selbstverständlich tun, nur vermeidet man mit den Naikan-Fragen so manche Falle. Wenn Sie zum Beispiel ohne die Naikan-Fragen den vorletzten Sommer beleuchten, wie Sie mit Ihrer Frau und Ihrem kleinen Kind im Urlaub in Südfrankreich waren. Sie wollen diesen Urlaub beleuchten, und Ihre Erinnerung als Mann sagt: Mensch, da habe ich doch einen tollen und teuren Urlaub im Ferienhaus gebucht, wollte also das Beste, ich selber fand auch alles lustig und gut, und dennoch war die Stimmung auf Null. Das würde herauskommen, wenn Sie diesen Lebensabschnitt ohne die Naikan-Fragen anschauen würden. *Mit* den drei Fragen – wenn Sie sich also fragen: *Was hat sie für mich getan, was habe ich für sie getan, welche Schwierigkeiten habe ich ihr verursacht?* – kommen vielleicht ganz andere Antworten. Etwa, dass für Sie selbst der Urlaub vielleicht schon sehr schön war, mit Segeln und Tauchen und Kartenspielen mit Freunden, aber Ihre Frau hat eigentlich kaum etwas von der herrlichen Provence gehabt, weil sie sich ohne Ihre Hilfe permanent ums Kind kümmern musste. Oder: Üblicherweise wäre da die Gehaltserhöhung durch den Chef eigentlich eine tolle Angelegenheit. Wenn man sich aber gemäß Naikan auch fragt, was man für andere Personen getan hat, welche Schwierigkeiten man ihnen bereitet hat, kann die Sache schon anders aussehen: Da kommt vielleicht hoch, dass man die Gehaltserhöhung über berechtigte Bedürfnisse von Kollegen durchgesetzt hat.

Das Tollste an Naikan ist, dass etwas fehlt. Nämlich die vierte Frage. Hier sind wir beim erwähnten kleinen Trick, der garantiert, dass man über Naikan tatsächlich weiterkommt. Zur Frage, *was habe ich dieser Person für Schwierigkeiten verursacht*, müsste man ja eigentlich auch über die Gegenfrage meditieren, *was hat diese Person mir für Schwierigkeiten verursacht* – aber genau diese Frage ist tabu! Aus einem ganz einfachen Grund: Diese Betrachtung würde leicht dazu führen, dass man sich im Leben wieder in der lähmenden Opferrolle sieht. Mit den nur drei Fragen verhindert der Naikan dies und führt zu Optimismus und zur Anregung, die Dinge künftig noch besser zu gestalten.

Mit Naikan als zweitem Intuitions-Hilfselement innerhalb des Trinako-Prinzips haben Sie ein Werkzeug an der Hand, das auch einzelne größere Blockaden aus der Vergangenheit löst und es Ihnen ermöglicht, eine neue Sichtweise auf das bisherige Leben zu gewinnen.

Auf die Intuition bezogen ist es ein Reinigungsprozess, der die notwendige freie und positive Basis für den Lebenserfolg durch Intuition schafft.

Das dritte Element des Trinako-Prinzips zur Unterstützung der guten Intuitionszugänge ist die Gewaltfreie Kommunikation. Ganz einfach ausgedrückt meint Gewaltfreie Kommunikation nichts anderes, als dass man in gegenseitigen Gesprächen so miteinander umgeht, dass man sich bei Problemen nicht wie üblich mit Vorwürfen überschüttet und dabei aggressiv wird. Vielmehr lernt man eine

Kommunikationskultur kennen, bei der man durchaus seine eigenen Bedürfnisse und Verletzungen kundtut, aber auch die des Gegenübers anhört. Bekanntlich führen gegenseitige Beschimpfungen zu nichts, die Gräben werden tiefer, die Problemberge höher, nichts ändert sich, alles verkrustet. Das ist dann das Ende der Kommunikation. Wer in diesen Situationen steckt, braucht nicht zu meinen, dass ihn jetzt die Intuition von irgendwoher beflügelt und ihm wieder die Leichtigkeit des Seins verleiht.

Wir sind hier natürlich wieder am Thema Ganzheit, beim ausgrenzenden dualistischen Denken. Immer wieder scheint dieses Thema auf, denn es steht für das, was uns von der Intuition trennt. Man kann eben in den „Flow" nur kommen, wenn man nicht ausgrenzend, sondern ganzheitlich denkt. Das ist der intellektuelle Part, den man leisten sollte, bevor man sich dem intuitiven Spüren hingeben kann. Ohne die verstandesmäßige Einsicht, dass eine empathische, mitfühlende und auf positive Lösungen ausgerichtete Kommunikation Voraussetzung ist für die Fähigkeit, wirklich intuitiv zu sein, geht nichts. Wir haben Verstand und Intuition, Intelligenz und Gespür und müssen alles im Verbund, in Ganzheit nutzen, nur so gewinnen wir optimale Kraft.

Kraft – das ist das Wort, das man bei der Gewaltfreien Kommunikation (GFK) des US-Amerikaners Marshall Rosenberg betonen muss, damit nicht das Missverständnis aufkommt, Gewaltfreie Kommunikation hieße ein supersofter Umgang miteinander unter Umgehung der Klärung von Konfliktpunkten. Rosenberg fing damals unter dem Eindruck der mörderischen Rassenkrawalle in der amerikanischen Bürgerrechtsbewegung an mit dem Credo, dass die brutale Ausgrenzung des Anderen nicht die Lösung sein kann. Gute Beziehungen untereinander, das Umwandeln von Konflikten zum Positiven bei gleichzeitiger Befriedigung der eigenen Bedürfnisse, ohne dabei anderen zu schaden, ohne dass der Andere sich unterjochen muss – das war sein Ziel.

Er ging von ganz einfachen Gedanken aus: Jeder Mensch hat individuelle Bedürfnisse, und das ist in Ordnung, weil es ursprünglich keine bösen Bedürfnisse gibt, denn jedes Bedürfnis dient dem Leben. Weiter sagte Rosenberg: Jeder Mensch hat ein Potenzial an Empathie, eine oft nicht genutzte Ressource, um sich in den anderen Menschen hineinzudenken. Geht man also diesen Weg statt den aggressiven, kann man in Frieden und in guten Beziehungen leben, ohne Angst, ohne Bedrohung. GFK wird längst in vielen Ländern rund um den Globus praktiziert. Der Ansatz ist einfach: Ich denke mich mit herzlichen Gefühlen in den anderen Menschen hinein und bringe ihm sachlich meine eigenen Bedürfnisse nahe, ohne Polemik. Eine nur aggressive, ausgrenzende Sprache nannte Rosenberg die Wolfssprache, die empathische Sprache der Gewaltfreien Kommunikation die Giraffensprache, angesichts der Ruhe und Souveränität dieser gigantischen Tiere, die alleine durch ihre Größe einen wunderbaren Weitblick haben. Die Giraffensprache bedeutet, dass wir es schaffen, auch in noch so aufheizenden und provozierenden Situationen ruhig und menschlich bleiben. Man bleibt bei der GFK im besten Sinne cool, nimmt wahr, fühlt sich in die Bedürfnisse des Anderen hinein, artikuliert aber auch deutlich und selbstbewusst seine eigenen Gefühle und Bedürfnisse. Es geht also nicht um ein selbstverleugnendes Ausweichen, man erklärt in der Gewaltfreien Kommunikation immer seinen eigenen Standpunkt – aber in aller Sachlichkeit.

Aggression und Ausgrenzung: Das sind grundlegende Themen, an denen sich die Menschheit die Zähne ausbeißt. Jeder Mensch will Frieden, Fairness, Glück, Erfolg und Harmonie im Kleinen wie im Großen – und verzweifelt oder resigniert daran, dass es offenbar doch nicht möglich ist. So tradieren sich Aggression und Ausgrenzung immer weiter. Wir Menschen werden noch Zeit brauchen, unsere Entwicklung geht schleppend, da hilft all das Blendwerk vieler glitzernder technischer Entwicklungen nichts. Aber irgendwann werden wir die Kurve kriegen, die heißt: Nur mit einem anderen

Umgang öffnen sich neue Möglichkeiten, nur mit einem anderen Denken finden wir Anschluss an universale Gesetze und Abläufe, die uns nutzen können.

Weil alles mehr Zeit braucht, als es visionäre Menschen annehmen wollen, hat auch Marshall Rosenberg die Welt noch nicht grundlegend verbessern können. Sein System der Gewaltfreien Kommunikation hatte aber sogar in etlichen Gefängnissen große Erfolge.

Was kann dieses System dem Einzelnen beim Wunsch nach mehr Flow bringen? Rosenberg unterschied vier Komponenten: Beobachtungen – Gefühle – Bedürfnisse – Bitten. Beobachtungen, das heißt, dass man im Gespräch nicht mit Emotionen und Vorwürfen diskutiert, sondern seine nüchterne Beobachtung mitteilt – ohne persönliche Wertung. Man sagt also nicht seinem Sohn vorwurfsvoll: „Das ist echt das Letzte, schon wieder hast du einen Verweis in der Schule bekommen", sondern stellt nur nüchtern und klar fest, *dass* er einen Verweis bekommen hat. Damit dränge ich den Sohn nicht in die Ecke, er muss nicht zurückschießen. Dann teilt man seine Gefühle mit – aber eben nur seine Gefühle und nicht Vorwürfe. Man sagt also nicht: „Das regt mich so was von auf, ich kann wegen dir keinen klaren Gedanken fassen", sondern man teilt wirklich nur sein Gefühl mit, etwa dass einen das schon sehr mitnimmt und verunsichert.

In Punkt drei geht es um Bedürfnisse, nachdem man sein Gefühl kommuniziert hat. Hier darf man seine eigenen Bedürfnisse postulieren und sagen, was einem wichtig ist, in diesem Fall etwa: „Mir ist wirklich wichtig, dass du wegen solcher Vorfälle in der Schule nicht ernsthafte Probleme bekommst, die dein Fortkommen gefährden."

- Beobachtungen
- Gefühle

- Bedürfnisse

– dies in aller Sachlichkeit dargebracht: Es klingt anfangs etwas gekünstelt, aber wer sich einmal ernsthaft damit beschäftigt hat, merkt schnell, dass es tatsächlich funktioniert. Man spürt, wie die eigenen Bedürfnisse beim Gesprächspartner tatsächlich direkter ankommen, als wenn man in der üblichen Aggression auf ihn zugeht, die nur ein Zuklappen aller Burgtore zur Folge hat. Man erfährt, wie man zu diesem Flow und letztlich zu einem wirklichen Fortschritt kommen kann.

Trinako: Diese Trinität der Hilfskräfte für gute Intuitionskanäle ist sozusagen ein Tuning-Kit für unsere mentalen Kräfte und vor allem für gute Zugänge zur Intuition. Abbau von hinderlichen Blockaden durch alte Traumen, die man längst vergessen glaubte; Aufarbeitung und Auflösung von Blockaden durch falsche Wertungen in bisherigen Beziehungen über Naikan; und schließlich eine offene, flüssige Kommunikationskultur über die Gewaltfreie Kommunikation – diese Systeme pusten die Kanäle frei für eine kommunikative Beweglichkeit in jeder Richtung.

Trinako ist sicher ein eigener und der aufwändigste Teil der Intuitionsübungen und nicht vergleichbar mit den kleinen und spielerischen anderen Übungen. Wenn man sich jedoch einmal intensiv mit der Kombination der drei Methoden beschäftigt hat, geht es nicht mehr um eine Übung, es wird zur dauerhaften Lebenshaltung. Das hat den Vorteil, dass einem dann auch dauerhaft die Intuition sehr nahe und somit in allen Lebenssituationen nützlich ist.

Ausblick

„Die Intuition sagt, woher es kommt und wohin es geht", sagte
sehr simpel und doch tiefgründig Carl Gustav Jung (1875–1961),
Mythenforscher und Begründer der Analytischen Psychologie. Vielleicht wissen Sie auch inzwischen mehr, woher und wohin es geht,
und dies möglichst auch im richtigen Augenblick. Brillante Köpfe
wie Jung waren ihrer Zeit voraus, sie dachten weit über den Kirch-
turm hinaus – während andere immer noch grübeln und kritisieren,
ob etwas nun ein rein biologischer oder ein psychologischer oder ein
übernatürlicher Vorgang ist. Es gibt nur eine Natur, in der letztlich
alles zusammenhängt und darum Unglaubliches möglich ist. Wer
das begreift, hat die Nase vorn.

Sicher, man kann auch die Intuition aufsplittern, etwa in eine
körperliche Intuition und eine spirituelle, aber diese Trennungen
behindern eher, als dass sie weiter führen. Roberto Assagioli, einer
der Schöpfer der Transpersonalen Psychologie und Begründer der
Psychosynthese, deutete Intuition als eine Kraft, die nicht vom Detail aufs Ganze hinarbeitet, sondern umgekehrt aus dem Ganzen in
die Individualität fließt. Das ist eine gute Beschreibung der Urkraft
Intuition in ihrer großen spirituellen Dimension, und es erklärt
auch, warum man Botschaften der Intuition als sehr verlässlich und
wahr annehmen kann. Intuition ist auch deshalb souverän und verlässlich, weil sie aus einem Raum kommt, der unabhängig von der
Flut unserer täglichen Millionen an Gedanken ist, von denen der
Großteil überflüssig, kontraproduktiv oder negativ ist, sodass wir
leider unser Gehirn viel zu oft zu einem zugemüllten Gedanken-
schrottplatz machen. Wie soll da noch Raum sein für eine souveräne Betrachtung der Dinge? Über die Intuition können wir auch
unseren Intellekt positiv beeinflussen und seine großen Fähigkeiten
in sinnvollere Bahnen lenken. Weil wir Dinge ganz einfach wissen
würden und darauf aufbauend mit Einsatz unseres Verstandes rasch

mehr daraus machen könnten. Stattdessen setzen wir unseren Verstand ein, erst einmal Dinge, die alte Chinesen, Indianer oder Tiroler Bergbauern schon immer intuitiv gewusst haben, ewig lange zu untersuchen, vergleichend zu testen, zu quantifizieren, dann das Evaluieren, gefolgt vom Diskutieren...

Manchmal kommt einem das schon fast hanebüchen vor. „Wissen" nicht auch Sie schon lange, dass Komapatienten nicht vergleichbar sind mit toten Patienten? Spüren Sie nicht auch schon immer, dass diese Menschen noch Empfindungen haben, eine Seele? Vor allem die Verwandten spüren das bei Klinikbesuchen ganz deutlich. Wenn man persönlich mit Menschen gesprochen hat, die Wochen oder Monate im Koma lagen und dann wieder erwachten, dann weiß man das ohnehin. Aber nein, da muss es Ende 2008 werden, bis Wissenschaftler vom Forschungszentrum Jülich bei einer 38-jährigen Komapatientin bestätigten, dass die Vermutung der Töchter, die leblose Mutter könne sie hören und irgendwie verstehen, richtig ist. Geholfen hat natürlich nicht die intuitive menschliche Liebe und der damit verbundene gesunde Menschenverstand, sondern die fMRT, die funktionale Magnetresonanztomografie, eine Methode, mit der aktive Gehirnbereiche in Echtzeit sichtbar gemacht werden können und gezeigt werden konnte, dass die Patientin auf verschiedene Reize – Worte, Lieder, Berührungen – reagierte wie jeder andere Mensch auch. Zu einem ähnlichen Ergebnis kamen Neurologen in Cambridge.

Ein bekannter Neurologe meinte, die Ergebnisse aus Jülich „sollten uns im Ungang mit solchen Patienten noch vorsichtiger machen", spätestens seit diesen Ergebnissen könne man nicht mehr davon ausgehen, dass sie nichts mitbekommen, was um sie herum passiert, man dürfe sich auf keinen Fall in ihrer Gegenwart über sie unterhalten. Weiter hieß es, man müsse jetzt den Begriff Koma im Prinzip neu definieren. Diese Äußerungen waren sicher gut und nett gemeint, sind aber eigentlich der blanke Zynismus einer Wissenschaft, die damit zugibt, wie sie bisher Komapatienten gesehen hat. Zumal es der Patientin in Jülich, bei der emotionale, menschliche Gehirnreaktionen nachgewiesen wurden, noch schlechter geht als der amerikanischen Komapatientin Terry Schiavo, bei der drei Jahre zuvor die künstliche Ernährung eingestellt worden war. Haben wir uns vielleicht bisher übernommen in unserem Glauben, wir wüssten genau, wo Leben anfängt und wo es aufhört?

Interessant ist übrigens, dass Menschen, denen es nicht gutgeht, die leiden und durch Krisen gehen, intuitiver werden, wie etwa beim Fall der Angehörigen von Komapatienten. Sie lernen schnell eine tiefe Wahrnehmung und registrieren kleinste Botschaften sehr gut.

Es gibt so viele unerklärliche, verblüffende energetische Wege, von denen wir bislang nichts gewusst haben – das bekommen wir immer häufiger über neue Fakten verschiedenster Art signalisiert. Fachleute unterschiedlichster Disziplinen sehen sich besonders in den letzten Jahren Entdeckungen gegenüber, die viele festgefahrene Ansichten geradezu auf den Kopf stellen; Entdeckungen, bei denen man allmählich das Gefühl hat, die Schöpfung wolle uns einen Wink mit dem Zaunpfahl geben, die Dinge in größeren Zusammenhängen und mit mehr Offenheit und Feingefühl zu betrachten.

Machen wir darum zum Schluss noch einen kleinen Streifzug zu einigen dieser Zaunpfähle. Schauen wir, wie am Anfang im Prolog, nochmals ins Weltall, dann tief in die Erdkruste, und wir werden staunen; sehen wir schließlich am Beispiel eines Menschen eine wirklich erstaunliche Heilung. Egal, wo wir hingehen und hinsehen: Überall können wir uns den Begriff Urkraft vergegenwärtigen und sehen, dass unser ganzes bisheriges Wissen dagegen vergleichsweise die intellektuelle Stufe eines Kindergedichts erreicht hat.

Wobei jeder von uns selbstverständlich um unser erreichtes Wissen froh ist: Wer wollte schon einen komplizierten Beinbruch mit der medizinischen Vorgehensweise des Mittelalters behandelt haben oder auf seinen Computer verzichten? Es geht aber um die Einsicht, dass wir entwicklungsmäßig noch sehr am Anfang stehen und eine gemeinsame andere Sichtweise, die den Intellekt mit der Intuition und ähnlichen Intelligenzen harmonisch verknüpft, uns schneller voranbringen wird. Die wenigen folgenden Beispiele zeigen einerseits, wie viele tolle Dinge wir nun schon fähig sind zu entdecken – und gleichzeitig, dass das Entdeckte uns zeigt, wie viel wir noch zu lernen haben und dass wir nichts für unmöglich halten sollten.

Am Max-Planck-Institut in Garching bei München gibt es den Arbeitsbereich „Theorie und komplexe Plasmen", wo Möglichkeiten untersucht wurden, wie sich Leben jenseits der bekannten biologisch-chemischen Art bilden könnte, und zwar in den riesigen Staubwolken des interstellaren Raumes. Das geht nun gegen jede bisherige Vorstellung von der Entstehung von Leben. Die Wissenschaftler entdeckten tatsächlich, dass sich Partikel, eingebettet in Wasserstoff-Plasma, bei Temperaturen von minus 260 Grad, in diesen Giga-Wolken zu DNS-Strukturen hoher Komplexität verbinden können. Ein Wissenschaftler sagte, das sollte uns zum Nachdenken anregen, was wir als Leben bezeichnen. Leben wird bislang definiert durch die Fähigkeit zu Selbstorganisation und Wachstum, den Austausch von Informationen und Vermehrung. Nach bisherigem Verständnis sorgen dafür chemische Prozesse. Im All geht das offenbar ohne Chemie, ohne Wasser, ohne Atome, Proteine und Enzyme, nur mit einer Mischung aus Staub und interstellarem Wasserstoff-Plasma, aus der sich spiralförmige Helix-Strukturen wie bei der DNS bilden. Der Größe solcher Strukturen sind im All offenbar keine Grenzen gesetzt. Und unser biochemisches Lebenssystem ist offenbar nur ein kleines Spiegelbild davon ...

Forschungen und Messungen über mehr als eine Million Galaxien hinweg, durchgeführt von den berühmten Universitäten Princeton in den USA und Cambridge in England, erzielten nicht minder atemberaubende Ergebnisse. Demnach besteht fast das ganze Universum, nämlich 95 Prozent, aus unsichtbarer dunkler Materie und dunkler Energie. Wie ein Geist ist dieser Herrscher des Universums: Man kann ihn nicht direkt nachweisen, er macht sich nur durch seine Gravitation bemerkbar...

Auch von der Vorstellung, unsere Erde sei einmalig, müssen wir uns verabschieden. Alan Boss vom Carnegie Institut for Science in Washington berichtete Anfang 2009 auf einer Wissenschaftlertagung von Astrophysikern, allein in unserer Galaxie gebe es die unglaubliche Zahl von hundert Milliarden erdähnlichen Planeten! Jeder Stern, den wir am Nachhimmel sehen, werde wahrscheinlich von einem erdähnlichen Planeten umkreist und auf den meisten dieser Planeten sei sicher zumindest rudimentäres Leben vorhanden. Mit dem neuen „Kepler"-Weltraumteleskop hofft man hier weiterzukommen.

Gehen wir vom All tief in unsere Erde. Ein internationales Forscherteam hat über Zugänge einer Goldmine in Südafrika die Erde 2.800 Meter unter der Oberfläche untersucht und Mikroorganismen gefunden. Es herrschen dort Bedingungen wie auf der Erde vor Millionen von Jahren: fast kein Sauerstoff, Dunkelheit, fast kein organisches Material, seit 20 Millionen Jahren kein Kontakt zur Außenwelt. Aber dennoch, stellte man staunend fest, sind dort Stoffwechselvorgänge möglich. Man fand nicht nur Bakterien, sondern auch einzellige Lebewesen. Und zwar viele: Erst seit kurzem weiß man, dass in nur einem Kubikzentimeter Sedimentgestein aus 1.000 Metern Tiefe bis zu zehn Milliarden Zellen enthalten sein können. Insgesamt, berechnete man inzwischen, machen die Mikroorganismen aus der Tiefe 55 bis 85 Prozent der mikrobiellen Biomasse unseres Planeten aus, obwohl Vermehrung in der unwirtlichen Tiefe extrem langsam vor sich geht. Auch hier der Satz eines Forschers, dass dies an unseren Grundvorstellungen von Leben rüttle.

Gehen wir zum Schluss *auf* unsere Erde, ins normale Leben der Menschen. Auch hier müssen wir umdenken, uns mehr öffnen. Tausende Beispiele dafür gäbe es. Nehmen wir ein aktuelles, das vom Heidelberger Professor Werner Hunstein, im Jahr 2009 gesunde 80 Jahre alt und als langjähriger Direktor der Heidelberger Medizinischen Universitäts-Poliklinik gewiss kein Feind der Schulmedizin. Mit 72 Jahren fühlte sich der Experte für Blutkrankheiten selbst sehr angeschlagen, bekam schließlich eine leukämieähnliche Krankheit mit Herz- und Atemproblemen, die nach vielen Fehldiagnosen schließlich als Systemische Amyloidose erkannt wurde. Blutzellen entarteten, es gab lebensbedrohliche Blutverklumpungen, das Herz, die Nieren und die Zunge waren besonders betroffen, der Tod war nahe. Die Herzscheidewand wurde immer dicker. Chemotherapie rettete vorerst das Leben, doch der Professor fühlte sich erschöpft, er war am Ende. Da erzählte ein ehemaliger Schüler Hunsteins, nun selbst Professor für Hämatologie an der Berliner Charité, seinem ehemaligen Chef von einem wundersamen Mittel, das die verhängnisvolle Ablagerung von fehlgeleiteten Eiweißen nach neuesten Erkenntnissen bremst – zumindest im Reagenzglas.

Hunstein nennt sich selbst einen „knallharten Schulmediziner". Das Mittel, das ihm genannt wird, ist dagegen mehr als schlicht: Grüner Tee.

Aber der Professor zeigt sich offen, trinkt davon zwei Liter über den Tag. Nach drei Wochen zeigen sich Verbesserungen. Manche Kollegen lächeln. Hunstein fürchtet schon, als Esoteriker gesehen zu werden, aber, na ja, der berühmte Albert Einstein verkroch sich ganz ohne alle wissenschaftlichen Unterlagen still in eine Ecke, „um das Universum zu sehen". Wir dürfen sicher sein, er hat es in diesen intuitiven Phasen gesehen.

Professor Hunsteins Herzscheidewand reduzierte sich nach etlichen Litern Grünen Tees auf Normalmaß, die Zunge schwoll ab, die

Lebensenergie war wieder da, die Laborwerte waren bestens. Und es zeigt sich, dass der Grüne Tee mit seinem wunderbaren Wirkstoff EGCG anderen Betroffenen ebenso hilft. Klinische Studien laufen inzwischen, auch für ähnliche Krankheiten wie Multiple Sklerose...

Nichts ist, wie es zu sein scheint. Das ist gut so, denn alles ist noch viel gewaltiger, vernetzter, geheimnisvoller, energiereicher als wir dachten – eben weil wir viel zu viel dachten und zu wenig spürten. Wir können es ändern, denn es ist alles da, was wir dazu brauchen, und wir können selber die Kanäle dazu öffnen.

Vertrauen Sie Ihrer Intuition. Spüren Sie die Urkraft. Dann sind Sie auch immer recht bei Verstand.

Zu den Autoren

Dr. Verena Breitenbach ist Ärztin, Trainerin, Autorin und Journalistin. Nach Medizinstudium und Facharzt-Ausbildung absolvierte sie Zusatzausbildungen in Naturheilkunde, Zytologie, Onkologie, Psychosomatik, Kinesiologie, NLP, Präventiv- und Anti-Aging-Medizin. In ihrer eigenen Frauenarzt-Praxis arbeitet sie nach den Grundsätzen ganzheitlicher Medizin. Bekanntheit erlangte sie durch ihre TV-Reihe „Dr. Verena Breitenbach" (Pro 7, 2002–2003). Neben Auftritten in Fernseh- und Radiosendungen verfasst sie regelmäßig Beiträge und Kolumnen für verschiedene Zeitschriften und hat etliche Bücher und CDs publiziert. Zudem berät sie in VHS-Kursen, an Schulen und in Jugendheimen.

Stefan Esser (geb. 1947), Journalist und Autor, beschäftigt sich seit Jahrzehnten mit humanistischer Psychologie, insbesondere mit der Wirkung von äußeren Erlebnissen und inneren Vorstellungen auf Intellekt und Psyche und den Möglichkeiten, hier positiv zu gestalten. Als Journalist publizierte er in Magazinen häufig über soziale, psychosoziale, esoterische und politische Themen, verfasste diverse Bücher (u. a. über Hypnose) und produzierte diverse Entspannungs- und Selbsthilfeprogramm-CDs zu Themen wie Naikan, Auflösung leichter Traumata, Intuition und Kommunikation.

Diskussionsforum zum Buch: **www.mankau-verlag.de/forum.php**

Inhalt der beiliegenden Audio-CD

Track I: Einführung   3:20 Min.

Track II: Die faszinierende Intuitionsreise durch
deinen Körper (Text / Sprecherin: Dr. Verena
Breitenbach)   23:55 Min.

Track III: Eine neue Ordnung im Haus meines
Lebens (Text / Sprecher: Stefan Esser)   15:46 Min.

Track IV: Kurzmeditation für die Intuition
(Text / Sprecherin: Dr. Verena Breitenbach)   6:58 Min.

Track V: Die Botschaften von der „singenden Insel"
(Text / Sprecher: Stefan Esser)   12:08 Min.

Gesamtlänge: 62:07 Min.

Musik: Audio-CD „Einssein" von Frank Herrlinger (Komposition,
Aufnahme und Aufführung); Instrumente: Klavier, diverse Gitar-
ren, Chor, Piano, Flöten, Bass; AVITA Media GmbH, München;
Distributed by Neptun Media GmbH, München, auch Bezug der
CD über: www.neptun24.de.

Tonstudio und Mastering: Olaf Rohrschneider, Unterhaching.

Petra Neumayer / Roswitha Stark

Medizin zum Aufmalen II

Symbolwelten und neue Homöopathie

ISBN 978-3-938396-18-6

„Mit praktischen Anwendungsbeispielen lädt der neue Ratgeber dazu sein, selbst mit den vorgestellten Methoden zu experimentieren und neue Wege der Therapie zu gehen (...)."
HP Naturheilkunde

Curt Fredriksson

In mir ist ein tiefes Glück

Prinzipien des Kriegermanagements

ISBN 978-3-938396-26-1

Curt Fredriksson vermittelt die Prinzipien des Kriegermanagements, sein Buch liefert Erstaunliches zur Logik des menschlichen Glücks. Dieses Buch macht seinen Leser stark.

Curt Fredriksson

Die Ermächtigung

Expedition zum Glück

ISBN 978-3-938396-05-6

„Dieses Buch fordert heraus! (...) Beachtlich!"
Heidi Schirner, Schirner Magazin

„(...) ein Buch, das seinesgleichen sucht."
Lutz Tolksdorf, NLG-Buchservice